AF389819

CATALOGUE
DES LIVRES
DE LA
BIBLIOTHEQUE
DE
MONSIEUR ***,

le Marquis D'argenson.

DONT LA VENTE COMMENCERA le 8 Avril 1755, & jours suivans, de relevée, rue Pavée, la premiere Porte cochere à droite, en entrant par le Quai des Augustins.

A PARIS,

Chez DAMONNEVILLE, Quai des Augustins, à Saint Etienne.

M. DCC. LV.

TABLE
DES DIVISIONS
DE CE CATALOGUE.

CATALOGUE
DES LIVRES
DE FEU
M. * * *.

THÉOLOGIE.

ECRITURE SAINTE,
AVEC SES INTERPRETES ET CRITIQUES,
& les Liturgies.

1 BIBLIA SACRA, ex Sebastiani Castellionis in-
terpretatione. *Francof.* 1697. *in-fol.*

2 Biblia sacra. *Coloniæ Agrippinæ,* 1743. *in 12.*

3 La Ste. Bible, trad. en François avec le Latin à
côté, & des notes pour faciliter l'intelligence
des endroits difficiles, par M. de Sacy. *Liege,*
1701. 4. *vol. in-fol. g. p.*

4 La Ste. Bible, trad. en Franç. sur les Textes ori-
ginaux, avec les différences de la Vulgate, par
M. le Gros. *Cologne,* 1739. *in 12.*

A

5 Abregé de la Bible, en forme de questions & de réponses familieres, par Dom Robert Guerard. *Paris*, 1745. 2 *vol. in* 12.

6 Les Pseaumes de David, trad. en Franç. selon l'Hebreu. *Paris*, 1702. *in* 12. *m. v.*

7 Le Pseautier de David, en François. *Paris*, 1523. *in* 8. *v. f. d. f. t.*

8 Les Pseaumes de David en Lat. & en Franç. avec des Réflexions morales sur chaque Verset, par le P. Quesnel. *Paris*, 1700. 3. *vol. in* 12.

9 La Morale de Salomon, contenant ses Proverbes, l'Ecclésiaste & la Sagesse, par Marie de Rohan. *Paris*, 1691. *in* 12.

10 Nov. Testamentum. *Parif.* 1538. 2. *vol. in* 24.

11 Novum Testamentum, Vulgatæ editionis, notis historicis & criticis illustratum. *Parif.* 1733. 2 *vol. in* 18. *m. r.*

12 Discours historiques & critiques sur la Bible, par Saurin, avec fig. de Picart. *La Haye*, 1729. 2 *vol. in-fol. pap. super Roïal. m. r.*

13 The Holy Bible, containing and the Old Testament and the New. *Oxford*, 1725. *in* 8.

14 Paraphrase sur les Lamentations de Jéremie, *in-fol. broché.*

15 Le Nouveau Testament trad. en Franç. selon la Vulgate. *Mons*, 1667. 2 *tom. en* 1 *vol. in* 12.

16 Histoire de la Vie & des Miracles de J. C. par Dom Aug. Calmet, avec fig. *Paris*, 1720. *in* 12.

17 Sacrorum Bibliorum Vulgatæ editionis Concordantiæ. *Lugd. Jullieron*, 1664. *in* 4. 6

18 Concordantiæ sacrorum Bibliorum Vulgatæ editionis. *Coloniæ*, 1684. *in* 8. 12

19 Synopsis Criticorum aliorumque sacræ Scripturæ Interpretum ac Commentatorum, adornata à Matthæo Polo. *Francof.* 1694. 5 *vol. in* 4. 12

20 Conjectures sur les Mémoires originaux dont il

paroît que Moïſe s'eſt ſervi pour compoſer la Geneſe. *Bruxelles*, 1753. *in* 12.

21 La Vulgate authentique dans tout ſon texte. 1 - 6. *Rome*, 1753. *in* 12. *broc.*

22 Abregé de l'Hiſtoire de Joſeph, par Graviſſet. - - 10 *Paris*, 1696. 2 *vol. in* 12.

23 Analyſe d'Evangile ſelon l'ordre hiſtorique de 2 17. la Concorde. *Laon*, 1709. 4 *vol. in* 12. 2

24 Joſ. Vallart *Parabolæ Evangelicæ Myſteria*, Miracula, & Documenta Chriſti. *Pariſ.* 1742. *in* 8. 20

25 Julii Bartoloccii Bibliotheca magna rabbinica de Scriptoribus & Scriptis Rabbinicis, ordine alphabetico hebraicè & latinè digeſtis. *Romæ*, 1678. 5 *vol. in-fol.* 20

26 Dictionnaire Hiſtorique, Critique, Chronolo- 312 5 gique, Géographique & Litteral de la Bible, avec plus de 300 fig. qui repréſentent les Antiquités Judaïques, par D. Auguſt. Calmet. *Paris*, 1730. 4 *vol. in-fol.* 100

27 Breviarium Romanum. *Pariſ.* 1745. 4 *volum.* 8 - - 1 *in* 12.

28 Exercice de Piété pour tous les jours de l'année, 27. ou l'Année Chretienne du P. Croizet. *Lyon*, 1745. 18 *vol. in* 12. 27.

29 L'Année Chrétienne, contenant l'explication des Epîtres & Evangiles pour les Dimanches & Fêtes de l'année, par M. le Toúrneux. *Paris*, 1746. 6 *vol. in* 12.

30 La Journée du Chrétien, ſanctifiée par la priere - - 10 & la méditation. *Paris*, 1740. *in* 12.

31 Heúres *manuſc. ſur Velin avec Mig. in* 18. *m v.* 2 - - 6.

32 L'Office de la Semaine Ste. en Lat. & en Fr. à - - 10 l'uſage de Rome & de Paris. *Paris*, 1708. *in* 12.

33 Nouvelle Semaine Ste. contenant l'Office du 1

matin & du soir pendant la Quinzaine de Pâ-
que. *Paris*, 1738. 2 *volumes in* 12.

34 L'Office de la Semaine Ste. *Paris*, 1741. *in* 8
m. r. 2

35 Priere pour le Roi & la prospérité de ses ar-
mes, *in* 8.

36 Manual de Oraçoes para assistir ao Sacrificio da
Missa. *Lisboa*, 1732. *in* 12. *fig.*

37 Les Instructions du Rituel d'Alet. *Paris*, 1678.
in 12.

38 Rituel de Blois. *Blois*, 1730. *in* 4.

CONCILES ET SAINTS PERES.

39 Reflexions sur les Conciles, *Manusc. in-fol.*

40 Concilium Tridentinum. *Paris.* 1712. *in* 24.

41 Concilium Tridentinum. *Roth.* 1722. *in* 16.

42 Catechismus Concilii Tridentini. *Paris.* 1713.
in 24.

43 Catechismus Concilii Tridentini. *Roth.* 1720.
in 16.

44 Ordonnances Synodales du Diocèse de Greno-
ble, par M. le Camus. *Paris*, 1690. *in* 12.

45 Traité de la Morale des Peres de l'Eglise, par
Barbeyrac. *Amst.* 1728. *in* 4.

46 L'Octavius de Minucius Felix, trad. par d'A-
blancourt. *Paris*, 1677. *in* 12.

47 Lettres de S. Ambroise, trad. en Franç. par
Duranti de Bonrecueil. *Paris*, 1741. 3 *volum.*
in 12.

48 Homelies de S. Jean Chrysostome, par M.
l'Abbé le Mere. *Paris*, 1741. 4 *vol. in* 8. *v. f.*

49 Lettres de S. Jerôme, trad. en Franç. par Guill.
Roussel. *Paris*, 1704. 3 *vol. in* 8.

50 Les Confessions de S. Augustin, trad. avec des

notes, par Dubois. *Paris*, 1686. *in* 12.

51 Les Lettres de S. Augustin, trad. en Franç. par 8 1
Dubois. *Paris*, 1737. *6 vol. in* 12.

52 Marii Mercatoris Opera, cum notis S. Baluzii. 1 16
Parif. 1684. *in* 8.

53 Théodoret, fur la Providence, trad. en Franç. 2 9
par l'Abbé le Mere. *Paris*, 1740. *in* 8.

54 Apologetique de Tertulien, ou Défenfe des
Chrétiens contre les accufations des Gentils, par
Vaffoult. *Paris*, 1714. *in* 4. 10   28 1

55 Joan. (Charlier) Gerfonii Opera, ex edit. Lud.
Ellies du Pin. *Antuerp.* 1705. *5 vol. in fol.* 20

THEOLOGIENS SCOLASTIQUES.

56 SAncti Thomæ Aquinatis Summa totius 1 13
Theologiæ. *Venetiis*, 1586. *2 vol. in* 4.

57 M. Becani Summa Theologiæ fcholafticæ. *Parif.* 1 10
1689. *in-fol.*

58 Traités du Libre arbitre & de la Concupif- 2 1
cence, par M. Boffuet. *Paris*, 1731. *in* 12.

59 La Fréquente Communion, par Arnauld. *Pa-* 2 14
ris, 1683. *in* 8.

60 Tradition de l'Eglife Romaine fur la Prédeftina- 3 10
tion des Saints, par S. Germain. *Cologne*, 1687.
3 vol in 12.

61 Les Provinciales, ou Lettres écrites par Louis 4 10
de Montalte (Blaife Pafcal). 1699. *3 vol. in* 12.

62 Réponfe aux Lettres Provinciales, par le Pere 1
Daniel. *Bruxelles*, 1697. *in* 12.

63 Les Imaginaires & les Vifionnaires, par Nicole. 2 2
Mons, 1693. *2. vol. in* 12.

64 Recueil de Piéces contre M. Arnauld. 1694. 3 19
4 *vol. in* 12.

65 Le faux Arnauld, ou Recueil de tous les Ecrits 2 13
publiés contre la fourberie de Douay, 1693. *in* 4.

66 Lettres de M. Arnauld à une Personne de qualité. *Paris*, 1665. *in* 4.

67 Hiftoire des Troubles caufés par M. Arnauld après fa mort. 1696. *in* 12.

68 Caufa Quefnelliana. *Brux.* 1704. *in* 4.

69 Réflexions fur les 101 Propofitions, tirées du N. T. du P. Quefnel. *Paris*, 1715. *in* 12.

70 Le P. Quefnel, féditieux & hérétique dans fes Réflexions fur le N. T. 1707. *in* 12.

71 Juftification de la Conftitution, contre le P. Quefnel. *Paris*, 1715. *in* 12.

72 Mandement & Inftruction Paftorale de M. de Cambray. *Cambray*, 1714. *in* 12.

73 Recueil des Mandemens & Inftructions Paftorales des Archevêques & Evêques de France, pour l'acceptation de la Conftitution. *Paris*, 1715. *in* 4.

74 Inftruction Paftorale de M. Languet. *Reims*, 1718. *in* 4.

75 Premiere Inftruction Paftorale de M. de Noailles. *Paris*, 1719. *in* 4.

76 Recueil de Mandemens & Inftructions Paftorales en faveur de la Conftitution. 14 *vol. in* 4.

77 Ordonnances des Archevêques & Evêques de France, touchant les matieres du Tems. *in* 4.

78 Avertiffement de M. de Soiffons à ceux qui fe font déclarés Appellans de la Conft. 1718. *in-fol.*

79 Recueil de Piéces, tant imp. que mff. concernant la Conftitution. *in-fol.*

80 Recueil de Piéces, tant imprimées que mff. *fur Théologie*, in-fol.

81 Recueil de Piéces fur la Conftitution. 1714. 4 *vol. in* 12.

82 Piéces importantes en faveur de la Conftitution. *Bruxelles*, 1717. 2 *vol. in* 12.

83 Recueil de Piéces Théologiques. 18 *vol. in* 4.

THEOLOGIE.

84 Recueil de Piéces, concernant les Archevêques de Rouen & de Reims. 1697. *in* 12.

85 Nouvelle Héréfie dans la Morale dénoncée au Pape, aux Evêques, &c. *Colog.* 1690. 2. *v. in* 12.

86 L'Efprit de M. Arnauld. *Deventer,* 1684. 2 vol. *in* 12.

87 Phantôme du Janfenifme, ou Juftification des prétendus Janfeniftes. *Cologne,* 1688. *in* 12.

88 Recueil de quelques Mémoires concernant les affaires de la Conftitution du Pape, touchant la Morale du P. Quefnel. 1717. *6 parties en trois vol. broché.*

89 Recueil de Piéces concernant les Religieufes de Port - roïal des Champs, qui fe font foumifes à l'Eglife. *Paris, Imprimerie roïale,* 1710. 2 *vol. in* 4.

90 Piéces fugitives, concernant la condamnation de Janfenius. *in* 4.

91 Mémoire fait en 1717, où l'on démontre que l'Appel interjetté de la Bulle au futur Concile, eft nul & infoutenable. *Paris,* 1718. *in* 4.

92 Mémoire dans lequel on examine fi l'Appel au futur Concile eft légitime & canonique. 1717. *in* 8.

93 Anecdotes ou Mémoires fecrets fur la Conftitution. *Utrecht,* 1733. 3 *vol. in* 12.

94 Recueil de Piéces en faveur de la Conftitution. 15 *vol. in* 12.

95 Recueil de Piéces Théologiques. *in-fol.*

96 Avertiffement aux Incrédules, avec l'Examen de la diftinction du fait & du droit. 1668. *in* 4.

97 Lettres inftructives fur les Erreurs du Tems. *Paris,* 1715. 2 *tom. en* 1 *vol. in* 12.

98 Hiftoire abregée du Janfenifme, & Remarques fur l'Ordonnance de M. l'Archevêque de Paris. *Cologne,* 1698. *in* 12.

99 Recueil de Piéces sur le célebre cas de Conscience, au sujet du Formulaire. *in* 12.

100 Avis d'un Théologien sans passion, sur plusieurs Libelles imprimés. 1726. *in* 8.

101 Journal historique des Assemblées tenues en Sorbonne. 1700. 2 *vol. in* 12.

102 Du Renversement des Libertés de l'Eglise Gallicane, dans l'affaire de la Constitution, 1717. 2 *vol. in* 12.

103 La Vérité persécutée par l'Erreur. *La Haye*, 1733. 2 *vol. in* 12.

104 Recueil de Piéces importantes, en faveur de la Constitution. *Bruxelles*, 1717. *in* 12.

105 Secrets du parti de M. Arnauld découverts depuis peu. 1691 ... Lettre de M. Arnauld touchant l'affaire de Douay. 1691 ... Réponse du P. Payen à M. Arnauld. *Colog.* 1692. *in* 12.

106 Recueil de Mandemens, & Instructions Pastorales de 1734. *& suiv. in* 4.

107 Relation des Délibérations du Clergé de France, au sujet de la Constitution. *Paris*, 1677. *in* 4.

108 Le Nestorianisme renaissant dénoncé à la Sorbonne. 1693. *in* 12.

109 Recueil de Mémoires, pour servir à l'examen de la Constitution. 1714. *in* 12.

110 Recueil de diverses Piéces pour la Constitution. 1716. *in* 8.

111 Lettre d'un Abbé à un Evêque, où l'on démontre l'équité de la Const. *Paris*, 1714. *in* 12.

112 Réfutation d'un Ecrit, intitulé Projet de Mandement au sujet de la Constitution. *Paris*, 1715. *in* 12.

113 Du Témoignage de la Vérité dans l'Eglise. 1714. *in* 12.

114 Lettres instructives sur les Affaires du Tems. *Lyon*, 1715. *in* 12.

115

115 Examen Théologique de l'Instruction Pasto-
rale, approuvée dans l'Assemblée du Clergé de
France, 1715. *in* 12.

116 Nouvelle défense de la Constitution, par le
Pelletier. *Lyon*, 1715. *in* 12.

117 Lettre sur le Culte des Chinois, 1744. *in* 12.

118 Recueil de Piéces concernant les affaires de la
Chine, & le Culte de Confucius. *in* 12.

119 Anecdotes sur l'état de la Religion à la Chine.
Paris, 1733. 7 *vol. in* 12.

120 Recueil de Piéces touchant les disputes de la
Chine. *in* 4.

121 Recueil de Piéces, tant imp. que manusc.
sur les disputes de la Chine, & autres matieres
Polémiques. 2 *vol. in* 12.

122 Recueil de Piéces sur les disputes de la Chine.
11 *vol. in* 12.

123 Lettres édifiantes & curieuses sur la Visite
apostolique de M. de la Baume. *Venise*, 1753.
3 *vol. in* 12.

124 Sept Lettres d'un Jacobin aux PP. le Comte &
le Dez, sur les Superstitions de la Chine. 1700.
in 12.

125 Relation de la Persécution de la Chine, jus-
qu'à la mort du Cardinal de Tournon. 1714.
in 12.

THÉOLOGIENS MORAUX.

126 JOrdani Preingué Theologiæ moralis repeti-
tio. *Gandavi*, 1747. 2 *vol. in* 8 *m. r.*

127 Le juste discernement de la créance Catholi-
que d'avec les sentimens des Protestans, touchant
la Prédestination & la Grace. *Cologne*, 1691.
Entretien de Théotime & de Philopiste, sur
l'Alliance de la Liberté avec la Grace. *in* 12.

6 - - 16. 128 Essais de Morale contenus en divers traités, par Nicole. *La Haye,* 1700. 9 *vol. in* 12.

- - 18 129 Systême d'un Philosophe Chrétien, par M. de Gamache. *Paris,* 1746. *in* 8 *d. s. t.*

1 - - 4 130 Lettre d'un Jurisconsulte à un de ses Amis, sur l'Usure. *Mons,* 1698. *in* 12.

131 Instruction Pastorale de l'Archevêque de Tours, sur la Justice chrétienne. *Paris,* 1749. *in* 12.

132 La Bibliothéque des Prédicateurs, contenant les principaux sujets de la Morale chrétienne, par le P. Vincent Houdry. *Lyon,* 1733. 22 *vol. in* 4. *80*

22 - - 10. 133 Sermons du P. Bourdaloue. *Paris,* 1737. 15. *vol. in* 12.

4 - - 7. 134 Recueil de Sermons sur les Evangiles du Carême, par le P. la Rue. *Bruxelles,* 1706. 4. *vol. in* 12.

12. 135 Sermons de Massillon pour le petit & le grand Carême, & l'Avent. *Paris,* 1745. 6 *vol. in* 12. *6*

136 Homélies sur les Evangiles de toute l'année, sur les Mystères de la Vierge, & sur toutes sortes de sujets, par Montmorel. *Paris,* 1747. 10 *vol. in* 12.

- - 10 137 Sermon sur la Foi, prêché par le P. de la Motte. *Rouen,* 1715. *in* 12.

12 - - 19 138 Sermons sur diverses matieres importantes, trad. de Tillotson, par Barbeyrac. *Amst.* 1744. 7 *vol. in* 12.

- - 16 139 Catéchisme imprimé par l'ordre de Monseigneur l'Evêque de Blois. *Blois,* 1728. *in* 8.

- - 12 140 Discours d'un Fils à ses Pere & Mere à la 50e année de leur Mariage. 1717. *in* 12. *m. r.*

THEOLOGIENS MYSTIQUES.

16 - - 11 141 **T**Homæ à Kempis de Imitatione Christi. *Lugd. Batav. Elzevir, in* 12. *m. r. 6*

142 De Imitatione Christi Libri quatuor. *Insulis,* 1708, *in* 24.

143 L'Imitation de J. C. trad. par l'Abbé de Choisi. *Paris,* 1699. *in* 16.

144 L'Imitation de J. C. trad. & parap. en Vers François, par Pierre Corneille. *Lyon.* 1693. *in* 12.

145 L'Imitation de Jesus, trad. & paraphrasé en Vers François, par Pierre Corneille. *Paris,* 1751. *in* 12.

146 Journée sainte, par l'Abbé Chauchon. *Paris,* 1742. *in* 12. *m. r.*

147 Les 3 Consécrations, ou Exercices de Piété pour se renouveller dans l'esprit du Baptême, de la Profession Religieuse, & du Sacerdoce. *Liege,* 1693... Les sentimens de Philereme, sur l'Oraison mentale. *Cologne,* 1696. *in* 12.

148 Journal des Saints, par le R. P. Grozes. *Lyon,* 1740. 3. *vol. in* 12.

149 Le Pedagogue Chrétien, ou la maniere de vivre saintement, par le P. d'Outreman. *Rouen,* 1728. *in* 12. *10.*

150 Traité de la Perfection du Chrétien, par le Card. de Richelieu. *Paris,* 1647. *in* 4.

151 Instruction du Chrétien, par le même. *Paris,* 1642. *in fol.*

152 Les principaux Points de la Foi Catholique, par le même. *Paris,* 1642. *in fol.*

153 Nouvel abregé des Méditations de Dupont, par le P. d'Orleans. *Paris,* 1691. 2 *vol. in* 12.

154 Prieres de la Journée Chrétienne, par Henri. *Paris,* 1722. *in* 12.

155 Les Exercices de la vie intérieure, par le Pere Gonnelieu. *Paris,* 1689. *in* 12.

156 Pratique de la Perfection Chrétienne, trad. de Rodriguez, par Regnier Desmarets. *Paris,* 1754. 6 *vol. in* 12.

157 La Guide des Pécheurs, trad. de Grenade, par Girard. *Paris.* 1692. *in* 8.

158 Introduction à la Vie dévote, par S. François de Sales. *Paris,* 1640. *in* 24. *m. r.*

159 La même. *Paris,* 1663. *in* 8.

160 Instruction sur les états d'Oraison, par M. Bossuet. *Paris,* 1697. *in* 8.

161 Les Secrets de la vïe spirituelle, qui en découvrent les illusions, par le R. P. F. Guilloré. *Paris,* 1673. *in* 12.

162 De l'usage des Sacremens de Pénitence & d'Eucharistie. *Paris,* 1728. *in* 8.

163 De la Lecture de l'Ecriture sainte. *Mss. in* 8.

164 Conseils de la Sagesse. *Paris,* 1689. 2 *v. in* 12.

165 Les Œuvres postumes de M. Flechier. *Paris,* 1712. 2 *vol. in* 12.

166 Explication littérale de l'Ouvrage des six Jours, par du Guet. *Paris,* 1734. *in* 12.

167 Traité de la Priere publique, par le même. *Paris,* 1708. 2 *vol. in* 16.

168 Traité des principes de la Foi Chrétienne, par le même. *Paris,* 1736. 3 *vol. in* 12.

169 Le Chemin de l'Amour divin. *Paris,* 1746. *in* 12.

170 Recueil de Piéces, tant impr. que mss. sur la Théologie Mystique & Polémique. 2 *vol. in* 4.

171 Explication des Maximes des Saints, sur la vie intérieure, par M. de Fenelon. *Paris,* 1697. *in* 12.

172 Recueil de Piéces, concernant les maximes des Saints. *in* 12.

173 Recueil de Piéces, touchant M. de Cambray. *in* 12.

174 Réponse de M. de Cambray à l'Ecrit de M. de Meaux, intitulé Rélation sur le Quietisme. *in* 8.

175 Recueil de Piéces, concernant le Quietifme.
1699. *in* 12.

176 Recueil de Piéces, concernant le Quietifme.
in 12.

177 Sentimens de M^de. Guyon, fur le Quietifme.
Mff. in 4.

178 Traité hiftorique, contenant le Jugement d'un
Proteftant fur la Théologie myftique, & fur le
Quietifme. 1699. *in* 12.

179 Relation de l'Origine, du Progrès & de la Con-
damnation du Quietifme. 1723. 2 *vol. in* 12.

180 Erreurs du P. Barnabé Saladin, dénoncées à M.
l'Arch. de Cambray. *Liege*, 1702. *in* 12.

181 Recueil de Piéces, dont Juftification de la
Doctrine de M. Henri Denis. 1700. *in* 4.

182 Piéces fugitives mff. fur toutes fortes de fujets
de piété. *in fol.*

183 Recueil de ce qui s'eft paffé entre Meffieurs
les Evêques de S. Pons & de Toulon. *Paris*,
1671. *in* 12.

184 Lettre Paftorale de M. l'Evêque de Gap, aux
nouveaux Catholiques de fon Diocèfe. *Paris*,
1700. *in* 12.

185 Expofition de la Foi Catholique, touchant la
Grace & la Prédeftination. *Mons*, *in* 12.

186 Apologie des Dominicains, Miffionnaires de
la Chine. *Cologne*, 1699. *in* 12.

187 Réflexions fur le Culte de la Chine. 1710.
in 4.

188 Etat préfent des affaires de la Chine. *in* 12.

189 Recueil de Piéces fur le Culte de la Chine.
1700. *in* 12.

189 * Elévations à Dieu, par M. Boffuet. *Paris*,
1727. 2 *vol. in* 12. *d. f. t.*

190 Méditations fur l'Evangile, par le même. *Pa-
ris*, 1735. 4 *vol. in* 12.

2 . 2 . 191 La perpétuité de la foi de l'Eglife Catholique, touchant l'Euchariftie, par A. Arnauld. *Paris*, 1672. *in* 12.

3 . . 1 . 192 Le Dominical des Pafteurs, ou le triple emploi des Curés, par Antoine Caignet. *Paris*, 1686. *in* 4.

. . . 16 { 193 Regles pour vivre chrétiennement dans l'engagement du Mariage. *Paris*, 1726. *in* 12.
194 La Journée Religieufe, par le R. P. Laval. *Paris*, 1674. *in* 12.

1 . . 5 { 195 Avis important aux Réfugiés, fur leur prochain retour en France. *Paris*, 1692. *in* 12.
196 Préparation à la Mort, par le R. P. Craffet. *Paris*, 1700. *in* 12.

1 . . 11 { 197 Inftruction, pratique & prieres pour la dévotion au facré Cœur de Jefus. *Paris*, 1738. *in* 12.
198 Confidération fur les principales Actions de la vie, par Jean Craffet. *Paris*, 1676. *in* 12.

THÉOLOGIENS POLEMIQUES

ET HETERODOXES.

1 . . 9 . 199 PEnfées de M. Pafcal, fur la Religion. *Paris*, 1725. *in* 12.

2 . . 11 . 200 Traité de la vérité de la Religion Chrétienne, trad. du Latin de Grotius, par le Jeune. *Amft.* 1728. *in* 8.

2 . . 17 . 201 Traité de la Vérité de la Religion Chrétienne, par Abbadie. *Rotterdam*, 1705. 3 *vol. in* 12.

6 . . 7 . 202 Le même Livre. *La Haye*, 1750. 4 *vol. in* 12.

4 . . 14 . 203 Entretiens fur la Religion, où l'on établit les fondemens de la Religion, révélée contre les Athées & les Déiftes, par Rodolphe du Tertre. *Paris*, 1743. 3 *vol. in* 12.

4 . . — 204 Théologie Phyfique, ou démonftration

de l'Exiſtence & des Attributs de Dieu, par
Derham. *Rotter.* 1726. *in* 8. *fig.*

205 Lettres inſtructives, touchant la vérité de la
Religion. *in* 4. *mſſ.*
206 Preuve de la Religion de J. C. contre les Spi-
noſiſtes & les Déiſtes, par l'Abbé François. *Pa-
ris*, 1751. 4 *vol. in* 12.   6 - - 17.

207 Traité de l'Athéiſme & de la Superſtition, 4 - - 19
trad. de Buddeus, par Louis Philon, & publié
par J. Fiſcher. *Amſt.* 1740. *in* 8.

208 Sentimens que doit avoir un homme de bien
ſur les vérités de la Religion, par l'Abbé de Bel-
legarde. *Paris*, 1699. *in* 8.   1 - - 12.
209 Préſervatif pour un jeune Homme de qualité,
contre l'irréligion & le libertinage. *Nancy. in* 8.

210 Recueil de Pieces, tant imp. que mſſ. ſur la 4 - - 19
Théologie, Polémique, Juriſprudence, Finan-
ces & Commerce. 3 *vol. in fol.*

211 Hiſtoria & Monumenta Joan. Hus atque 9 - - 10.
Hyero. Pragenſis, Confeſſorum Chriſti. *Noremb.*
1715. 2. *vol. in fol.* 6.

212 Préjugés légitimes contre le Papiſme, par 3 - - 1.
Jurieu. *Amſt.* 1685. 2 *tom. en* 1 *vol. in* 4.

213 L'Accompliſſement des Prophéties, par Jurieu. 1 - - 10
Rotter. 1686. 2 *vol. in* 12.

214 Relation hiſtorique & théologique d'un 1 - -
Voïage en Hollande, & autres Provinces des
Païs-bas, par de Marcilly. *Paris*, 1719. *in* 12.

215 La Bête transformée en Machine, par Darman- 1 - - 10
ſon. *Amſt.* 1684... Les Médecins vangés par la
mort de Moliere. 1694.... Réflexion d'un Aca-
démicien ſur la vie de Deſcartes. *La Haye*,
1692. *in* 12.

216 Dialogues entre Photin & Irené, ſur le deſſein 3 - - 7.
de la réunion des Religions, & ſur la queſtion ſi
l'on doit emploïer les peines & les récompenſes

pour convertir les Hérétiques. *Mayence* , 1685.
2 *vol. in* 12.

2 . . 217 Le cinquiéme Empire, ou Traité dans lequel
on fait voir par l'Ecriture fainte qu'il y aura un
cinquiéme Empire fur la Terre, qui fera plus
grand que celui des Affyriens, des Perfes, des
Grecs & des Romains. *La Haye* , 1689.. *in* 12.

218 Le Proteftant pacifique, ou Traité de la paix
de l'Eglife contre Jurieu, par Léon de la Guiton-
niere. *Amft.* 1684. *in* 12.

3 . . 10
219 Anecdotes de Cyrille Luca , Patriarche de
Conftantinople , avec fa Confeffion de Foi. *Amft.*
1718. *in* 4.

12 220 Recueil de Piéces, tant imp. que mff. fur la
Théologie Polémique & Hétérodoxe. 2 *vol.in* 1 2.

1 . . 16 . 221 L'Eglife de France affligée , par Poitevin.
Cologne , 1688. *in* 12.

1 . . 2 . 222 Entretiens de Maxime & de Thémifte, ou
Réponfe à l'examen de la Théologie de Baifle,
par Jaquelot. *Rotterdam* , 1707. *in* 12.

3 . . 222 * Du Pouvoir des Souverains , & de la Liberté
de Confcience , trad. de Noodt , par Barbeyrac.
Amft. 1714. *in* 12.

1 . . 223 Traité du pouvoir abfolu des Souverains, pour
fervir de confolation aux Eglifes Réformées de
France. *Cologne* , 1685. *in* 12.

224 Les Plaintes des Proteftans, cruellement op-
primés au Roïaume de France. *Cologne* , 1686.
in 12.

1 . . 11
225 Réponfe à l'Avis aux Refugiés. *Rotterdam* ,
1709. *in* 12.

226 Lettre de M. Ufilli , Juif , au fujet de fa con-
verfion... La Vie de S. François Regis... de l'E-
tabliffement des Savoïards... Officium Sanctæ

19
Genovefæ. *Parif.* 1733. *in* 12.

227 Cenfuræ facultatum facræ Theologiæ , Lova-
nienfis

nienſis ac Duacenſis. *Pariſ.* 1683... Apologiæ
Patrum Societatis Jeſu. *Leodii,* 1684. *in* 8.

228 Recueil de Piéces ſur divers ſujets de Dévo- 2 - - -
tion, dont Ecrit du Sr. Papin, touchant la Con-
ference de Loudun. *Blois,* 1660. *3 vol. in* 12.

229 Tractatus Theologico-Politicus. *Amburgi,* 1 - - 17 .
1670. *2. vol. in* 4. 10

230 Traité des Cérémonies des Juifs, anciens & - - 16 .
modernes. *Amſt.* 1678. *in* 12.

231 Confuſion de la Secte de Muhamed, trad. de 1 - - -
l'Italien, par Guy le Fevre. *Paris,* 1574. *in* 8.

232 L'Alcoran de Mahomet, trad. par du Ryer. 2 - - 7 -
Amſt. 1734. *2 vol. in* 12.

JURISPRUDENCE.

DROIT CANONIQUE.

233 Corpus Juris canonici, cum notis P. 23
Pithoei. *Pariſ.* 1687. *2 vol. in fol. g. p.* 12

234 Van Eſpen Jus eccleſiaſticum univerſum. *Lo-* 8 19
vanii, 1700. *4. tom. en* 3 *vol. in fol.* 10

235 Joan. Doujat Specimen Juris eccleſiaſtici. *Pa-*
riſiis, 1670. *3. vol. in* 12.   1 13

235 * Doujat Specimen Juris eccleſiaſtici apud Gal-
los recepti. *Pariſ.* 1684. *2 vol. in* 12.

236 Remarques ſur les Décrétales. *2 vol. in* 4. *mſſ.* 3
237 Remarques ſur le Décret de Gratien. *Mſſ. in* 4.

238 Recueil de Piéces, dont Décret de l'Univer- 12
ſité de Paris touchant une Théſe dans laquelle
on ſoutenoit que les Décrétales font partie de l'E-
criture ſainte. 1682. *in* 8.

239 La Bibliothéque canonique, par Bouchel, 17 19
avec les notes de Blondeau. *Paris,* 1689. *2 vol.*
in fol. 6

6   240 Les Définitions du Droit canon , par Perrard Cartel. *Paris* , 1700. *in fol.*

3   241 Histoire du Droit public , ecclésiastique , françois , par M. Burigny. *Lond.* 1737. 2 *vol. in* 8. 3

1   10   242 Histoire du Droit canonique , par Doujar. *Paris* , 1677. *in* 12.

243 Anecdotes ecclésiastiques contenant la Police & la Discipline de l'Eglise Chrétienne , tirées de l'Hist. de Naples , de Giannone. *Amst.* 1738. *in* 8.

6.   18   244 La Pratique de la Jurisdiction ecclésiastique , par Ducasse. *Toulouse* , 1706. *in* 4. 2

10   245 La défense des Censures du Pape Innocent XI , & de la Sorbonne , par Oger Liban Erberg. *Cologne* , 1690. *in* 12.

13   246 Recueil de Piéces , tant imp. que mss. concernant le Droit ecclésiastique & regulier. *in fol.*

1   247 Recueil historique des Bulles & Constitutions des Papes. *Mons* , 1697. *in* 8.

7   19   248 Traité de l'Autorité du Pape. *La Haye* , 1720. 4. *tom. en* 3 *vol. in* 12. 2

1   9   249 Lettres sur la souveraine Autorité du Pape par l'Ecriture & par la Tradition. *Bâle* , 1716. *in* 12.

1   18   250 Traité des Excommunications , par Dupin. *Paris* , 1715. 2. *vol. in* 12.

1   4   251 Traité de l'Obéissance des Chrétiens , aux Puissances temporelles. *Utrecht* , 1735. *in* 12.

5   7   252 Droits des Souverains , défendus contre les Excommunications des Papes , par Fra-Paolo. *La Haye* , 1721. 2 *vol. in* 12.

253 De la Souveraineté du Roi , par Savaron. *Paris* , 1720. *in* 8.

1   19   254 La Souveraineté des Rois , défendue contre l'Histoire Latine de Melchior Leydecker. *Paris* , 1704. *in* 12.

1   255 Traité de l'Autorité des Rois , touchant l'Ad-

miniftration de l'Eglife, par Talon. *Amft.* 1700.
in 12.

256 Cenfures & conclufions de la Faculté de Paris, 10
touchant la Souveraineté des Rois. *Paris,* 1617.
in 4.

257 Les principes & la doctrine de Rome, fur le 1 — 16
fujet de l'Excommunication & de la dépofition
des Rois. *Londres,* 1679. *in* 8.

258 De l'Autorité du Roi, touchant l'âge néceffaire 1
à la Profeffion religieufe, par Talon. *Paris,*
1669. *in* 12.

259 Traité du pouvoir du Magiftrat politique fur 2 10
les chofes facrées, trad. de Grotius. *Londres,*
1751. *in* 12.

260 Effais fur l'idée du parfait Magiftrat, où l'on 2 19
fait voir une partie des obligations des Juges.
Paris, 1701. *in* 12.

261 Hiftoire de l'origine & du progrès des Reve-
nus eccléfiaftiques, par Jerôme Acofta. *Francf.*
1684. *in* 12.

262 Traité des Bénéfices, par Fra-Paolo. *Amfterd.* 1
1687. *in* 12.

263 Obfervations chrétiennes & politiques fur le 1
Célibat des Prêtres, par l'Abbé de S. Pierre.
1734. *in* 12.

264 Traité hiftorique & dogmatique des privi-
léges & exemptions des Eccléfiaftiques. 1715.
in 4.   2 — 10

265 Piéces fugitives, touchant les démêlés du
Clergé de France avec la Cour de Rome. *in* 4.

267 Recueil de Piéces, concernant le Droit ecclé- 8 1
fiaftique de France. 5 *vol. in* 4.

268 Recueil des Procédures civiles de l'Officialité 30 1
de Paris, par Decombes. *Paris,* 1705. *in fol.* 20

269 Tractatus de Libertatibus Ecclefiæ Gallicanæ. — 15
Leodii, 1684. *in* 4.

C ij

270 Edmundi Richerii Vindiciæ Doctrinæ Majo-
rum Scholæ Parisiensis. *Coloniæ*, 1683. *in* 4.

271 Cosme Guimier Pragmatica Sanctio. *Parisiis*,
1546. *in* 8.

272 Marca de Concordia Imperii & Sacerdotii
Lib. VIII. *Parisiis*, 1704. *in fol.*

273 Traité historique des biens de l'Eglise & des
Bénéfices, contenant leur origine, la maniere de
les conférer, acquerir & distribuer, avec les dé-
cisions de plusieurs questions & difficultés surve-
nues touchant les biens de l'Eglise, & à qui ils
appartiennent. *Mss. in* 4.

274 Commentaire de Dupuy, sur le Traité des
Libertés de l'Eglise Gallicane, de P. Pithou.
Nouv. édit. aug. de notes & d'une Préface hist.
par l'Abbé Lenglet du Fresnoy. *Paris*, 1715. 2
vol. in 4.

275 Traité des droits & libertés de l'Eglise Galli-
cane, avec les preuves. *Paris*, 1731. 4 *vol. in fol.*

276 Mémoire sur les Libertés de l'Eglise Gallicane,
trouvé parmi les papiers de Monseigneur le
Dauphin. 1714. *in* 12.

277 Examen impartial des Immunités ecclésiasti-
ques. *Londres*, 1751. *in* 12.

278 Recueil des Remontrances, Edits, Contrats,
& autres choses concernant le Clergé de France.
Paris, 1599. *in* 8.

279 Recueil des Actes, Titres & Mémoires, con-
cernant les affaires du Clergé de France, par
Regnoults. *Paris*, 1677. *in* 4.

280 Recueil des Actes, Titres & Mémoires, con-
cernant les affaires du Clergé de France, par le
Gentil. *Paris*, 1675. 6 *vol. in fol.*

281 Recueil des Mémoires, Titres, Actes, &c.
concernant le Clergé de France, recueillis par
le Mete. *Paris*, 1716. *& suiv.* 11. *tom. en* 12 *vol.*
in fol.

282 Procès-verbal de l'Assemblée des Evêques de la Province de Toulouse, tenue en 1699. *Paris*, 1699. *in* 4.

283 Actes de l'Assemblée générale du Clergé de France, concernant la Religion. 1685. *in* 12.

284 Procès-verbaux des Assemblées du Clergé, tenues en 1701, 1702, 1705, avec le Rapport; 1710 & 1711, avec le Rapport; 1713, 1714 & 1715, avec le Rapport; 1723, 1725, avec le Rap. depuis 1720, jusqu'en 1725; 1726, 1730, avec le Rapport; 1734, 1735, avec le Rapport; 1740, avec le Rapport, & 1745, avec le Rapport. 24 *vol. in fol.*

285 Entretiens touchant les devoirs des Ecclésiastiques, par M. de Paulmy, Evêq. de Rodez. *Mss. in* 4.

286 J. B. Bossuet Defensio declarationis Cleri Gallicani. *Luxemburgi*, 1730. 2 *vol. in* 4.

287 L'Esprit de Gerson, ou Instruction catholique touchant le S. Siége, par le Noble. *Londres*, 1710. *in* 12.

288 Plaidoïers de M. de la Chalantais, sur le droit qu'ont les Evêques de donner des Dispenses. *Mss. in fol.*

289 Traité de l'origine de la Régale, par Gaspard Audoul. *Paris*, 1708. *in* 4. *g. p.*

290 Traité de la Régale, imprimée par l'ordre de M. de Pamies. *Cologne*, 1680. *in* 12.

291 L'Abbé Commendataire, par de Boisfranc. *Cologne*, 1673. *in* 12.

292 Défense des Abbés Commendataires & des Curés primitifs. *La Haye*, 1685. *in* 12.

293 Les sentimens de Criton, sur l'entretien d'un Abbé & d'un Religieux, touchant les Commendes. *Cologne*, 1674. *in* 12.

294 L'Evêque de Cour, opposé à l'Evêque apostolique. *Cologne*, 1675. 2 *vol. in* 12.

295 La Clef du grand Pouillé de France, par Doujat. *Paris*, 1671. *in*-12.

3   19   296 Reflexions sur le Priorat des Abbaïes possedées en Commande. *in*-4. *broc.*

297 Code des Curés. *Paris*, 1736. 2 *vol. in*-12.

1   298 Traité des Pensions roïales, par l'Abbé Richard. *Paris*, 1719. *in*-12. *m. r.*

1   299 Recueil des Décisions importantes sur les obligations des Chanoines. *Noyon*, 1746. *in*-12.

300 Traité des Annates. *Amst.* 1718. *in*-12.

1   4   301 Recueil de Pieces concernant le Droit séculier. *in*-4.

1   10   302 Bullarium Ordinis Cluniacensis. *Lugd.* 1680. *in fol.*

303 Les Constitutions du Monastere de P. R. du S. Sacrement. *Mons*, 1665. *in*-12.

12   1   304 Recueil des Titres & Papiers concer. l'établissement de la Maison de S. Loüis, établie à S. Cyr. *in-fol. mss.*

3   305 Privileges des Papes, Empereurs, Rois & Princes de la Chrétienneté, en faveur de l'Ordre de S. Jean de Jerusalem. *Paris*, 1649. *in*-4.

16   306 Statuts synodaux du Diocése de Paris *Paris*, 1697. *in*-4.

307 Mémoires sur la Collation des Canonicats de l'Eglise Cathédrale de Tournay, recueillis par l'Abbé Lenglet du Fresnoy. *Tournay*, 1711. *in*-8.

10   308 Justification de l'Eglise romaine, sur la Réordination des Anglois, par Theodore de S. René. *Paris*, 1728. *in*-12.

DROIT CIVIL ET ROMAIN.

2   2   309 DRoit de la Guerre & de la Paix, trad. de Grotius, par Courtin. *Paris*, 1687. 2 *vol. in*-4.

310 Le Droit de la Nature & des Gens, trad.
de Puffendorf, par Barbeyrac. *Amsterd.* 1712.
2 *vol. in-*4.

311 Le même. *Londres,* 1740. 3 *vol. in-*4.   10   19

312 Essais sur les principes du Droit & de la Mo-   2   10
rale, par Daube. *Paris,* 1743. *in-*4.

313 Principe du Droit naturel, par Burlamaqui.
Geneve, 1748. *in-*12.

314 Les principes naturels du Droit & de la Po-   1   3
litique. *Paris,* 1716. *in-*12.

315 Traité du Droit public. *Mff.* 2 *vol. in-*4.   2   4

316 Recueil de Pieces, tant manufc. qu'impri-   14
mées, concernant le Droit public de France. *in* 4.

317 Corpus Juris civilis, cum notis Dionifii 38   1
Gothofredi. *Paris. Vitré.* 1628. 2 *vol. in-fol.*
g. p. 24

318 Corpus Juris civilis. *Lugd.* 1551. 17 *vol.* 3   1
*in-*16.

319 Juftiniani Imp. Inftitutionum Juris civilis
Methodica Interpretatio. *Parif.* 1711. *in-*12.   18
320 Bouchard Juris civilis Inftitutiones noviffi-
mæ. *Parif.* 1718. 2 *vol. in-*18.

321 Nouvelle traduction des Inftituts de Jufti-   14
nien, par C. J. de Ferriere. *Paris,* 1725.
6 *vol. in-*12.

322 Paraphrafe des Inftitutions de Juftinien, par
Peliffon, *Paris,* 1664. *in-*12.

D R O I T   F R A N Ç O I S.   42   11

323 STephani Baluzii Capitularia Regum Fran-
corum. *Parif.* 1677. 2 *vol. in-fol.* 30

324 Notæ & reftitutiones ad Commentarium Ca- 1   18
roli Molinæi de feudis, operâ S. Rafficod. *Pa-*
rif. 1739. *in-*4.

325 Alliance des Loix romaines avec le Droit   1

françois, par Duret. *Paris*, 1600. *in-4.*

326 Dictionnaire de Droit & de Pratique, par Ferriere. *Paris*, 1717. *in-4.*

327 Le nouveau Praticien françois, par Lange. *Paris.* 1729. 2 *vol. in-4.*

328 Le Praticien françois universel, par Couchot. *Paris*, 1712. 6 *vol. in-12.*

329 Glossaire du Droit françois, par Eusebe de Lauriere. *Paris*, 1704. 2 *vol. in-4.*

330 Journal des Audiences du Parlement de Paris, par du Frêne. *Paris*, 1658 & *suiv.* 5 *vol. in-fol.*

331 Journal du Palais. *Paris*, 1701. 2 *vol. in-fol.*

332 Dictionnaire de Justice, Police & Finance, par Chasles. *Paris*, 1725. 3 *vol. in-fol.*

333 Bibliotheque du Droit françois, par Bouchel & Bechefer. *Paris*, 1667. 3 *vol. in-fol.* g. p.

334 Les Œuvres de Bacquet. *Paris*, 1612. *in-fol.*

335 Les Œuvres de Grimaudet. *Amiens*, 1669. *in-fol.*

336 Œuvres de Guy Coquille. *Bordeaux*, 1703. 2 *vol. in-fol.*

337 Traité des Donations, par Ricard. *Paris*, 1692. 2 *vol. in-fol.*

338 Œuvres diverses de Patru. *Paris*, 1732. 2 *vol. in-4. v. f.*

339 Plaidoïer de Louis Servin. *Paris*, 1603. 2 *vol. in-8.*

340 Traité de l'Indult du Parlement de Paris, par Cochet de S. Vallier. *Paris*, 1703. 2 *vol. in-12.*

341 Traité de l'Indult, par Claude Regnauldin. *Paris*, 1712. *in-12.*

342 Commentaire sur les Instituts coutumieres de Loysel, par de Launay. *P aris*, 1688. *in-8.*

343

343 Traité du Douaire, par de Renusson. *Par.* 2 : 8 :
1724. *in-4.*

344 Arretés de M. le P. P. de la Moignon. *Par.* 12.
1702. *in-4.*

345 Traité des Fiefs, par Ferriere. *Paris*, 1680. 3 . . 9
in-4.

346 Traité des conventions de succéder, par 3 . . 9
Boucheul. *Paris*, 1727. *in-4.*

347 Des Amortissemens, nouveaux Acquêts & 1 . . 7
Franc-fiefs, par Jary. *Paris*, 1717. *in-12. m. r.*

348 Avis pour l'Institution charitable des Avo- . . 10 .
cats & Procureurs, en faveur des Veuves, Or-
phelins, &c. *Paris*, 1610. *in-8.*

349 L'Art de Procéder en Justice, par Louis Las- 1 . . 1
seré. *Paris*, 1692. *in-8.*

350 De l'Origine du Droit, des Magistrats, & des . . 13 .
Jurisconsultes. *Paris*, 1674. *in-12.*

351 Traité contenant la maniere de procéder à . . 10
toutes vérifications d'écriture, par de Blegny.
Paris, 1708. *in-12.*

352 Traité de l'apposition & levée des Scellés. 1 . . 10
Paris, 1720. *in-12.*

353 Nouveau Traité des Aides, Tailles & Ga-
belles, par du Crot. *Par.* 1624. *in-8.*
354 Traité de la connoissance des Droits & des 9 . . 2 .
Domaines du Roi, par Berthelot du Ferrier.
Paris, 1719. *in-4. m. r.*

355 Réglement du Roi, touchant l'administra- 1 . . .
tion des Haras du Roïaume. *Par.* 1717. *in-4.*

356 Etat abregé des recettes & dépenses du Roi, . . 10
depuis 1688. *Mss. in-4.*

357 Ordonnances des Eaux & Forêts, par de 1 . . 4 .
Froidour. *Toulouse*, 1683. *in-12.*

358 Nouvelle instruction pour les Gardes des
Eaux & Forêts. *Paris*, 1692. *in-12.* . . 7 .
359 Tarif des Droits de sorties & entrées. *Par.*
1688. *in-4.*

D

360 Mémoire concernant les Tailles, par Aubert.
Paris, 1721. *in-4.*

4 - 18 361 Traité de la perfection & confection des Papiers terriers généraux du Roi, par Bellami. Paris, 1746. *in-4. m. r.*

10 362 Commentaires sur le fait des Aides, par du Bois. *Paris*, 1712. *in-12.*

363 Mémoires concernant le Contrôle des Rentes. *Paris*, 1717. *in-12. m. r.*

2 - 14 364 Mémoire de M. Law, concernant l'établissement de la Banque. *Mss. in-4.*

1 - 9 365 Instruction sur les Procédures civiles & criminelles du Parlement. *Paris*, 1741. *in-12.*

7 - 7 366 Instruction pour les Ventes des Bois du Roi, par Froidour. *Toulouse*, 1668. *in-8.*

2 - 10 367 Traité des Dîmes en général, par L. M. *Paris* 1731. *2 vol. in-12.*

1 - 17 368 Traité des Contrats de Mariage, par du Perray. *Paris*, 1741. *in-12.*

1 - 4 369 Nouveau Traité du Mariage chrétien, selon les Loix de l'Eglise & les Ordonnances des Rois, & un Traité d'impuissance de l'Homme & de la Femme, par Horry. *Paris*, 1700. *in-12.*

1 - 12 370 Traité de la Contribution à la légitime par tous les Enfans donataires, par Berger. *Paris*, 1702. *in-12.*

- - 10 371 Traités de la Légitime, de la Représentation, & des secondes Nôces, par de la Champagne. *Paris*, 1720. *in-12.*

372 Instruction facile & nécessaire pour obtenir en Cour de Rome toutes sortes d'expéditions, &c. par le Pelletier. *Paris*, 1693. *in-12.*

2 - 10 373 Traité sur l'Usure & intérêt, par de la Bigotiere. *Rennes*, 1713. *in-12. m. r.*

2 - - - 374 Etat général des Unions faites des biens &

revenus des Maladreries , &c. *Paris* , 1705.
in-4. m. r.

375 Differtation fur l'origine de la Charge de Chancelier. *Mff. in-4. m. b.*

376 Caufes célébres , tome 21. *Breft* , 1750. *in-12.*

377 Lettres de Mad. la Marquife de Senozan , fur les moïens dont on s'eft fervi pour découvrir les Complices d'un affaffinat commis à Lyon. *Lyon* , 1692. *in-12.*

378 Juftification de M. Gobbé, Avocat. *in-8.*

379 Plaidoïer fur un Appel comme d'abus, contre une Sentence qui interdit un Curé de fes fonctions. 1690. *in-8.*

380 Fondation faite par le Duc & Ducheffe de Nivernois, pour marier à perpétuité 60 Filles. 1663. *in-4.*

381 Recueil des Confultations des Avocats du Parlement de Paris. 1740. *in-4.*

382 Conférence faite à la Bibliotheque des Avocats. *in-fol. Mff.*

383 Mémoire préfenté au Confeil pour l'établiffement des Colleges de la Faculté des Arts. *Paris* , 1724. *in-fol.*

384 Traité de la Chambre des Comptes , de fes Officiers , &c. par Charpentier. *Paris* , 1702. *in-12. m. r.*

385 Reglement général du Roi pour les Gardes françoifes. *Paris* , 1693. *in-12.*

386 Recueil général des Pieces contenues au Procès de M. de Gêvres. *Roterd.* 1714. 2 *vol. in-12.*

387 Compilation chronologique des Ordonnances , par Blanchard. *Paris* , 1715. 2 *vol. in-fol.*

388 Edits & Ordonnances des Rois de France , recueillies par Fontanon. *Par.* 1611. 3 *vol in fol.*

389 Les Ordonnances des Rois de France, re-
cueillies par de Laurierre & Secousse. *Paris*,
1723. *& suiv.* 8 *vol. in fol.*

390 Recueil des Ordonnances roïaux, par Neron
& Girard. *Paris*, 1720. 2 *vol. in fol.*

391 La Conférence des Ordonnances, par Gue-
nois. *Paris*, 1660. 3 *vol. in fol.*

392 Dictionnaire des Arrêts, par Brillon. *Paris*,
1711. 3 *vol. in fol.*

393 Table chronologique des Ordonnances des
Rois de France de la troisieme Race. *Paris*,
1706. *in-4.*

394 Edit du Roi, pour faire exécuter l'Article
22 de l'Edit de Melun, concernant les Procès
criminels qui se font aux Ecclésiastiques. *Paris*,
1684. *in 4.*

395 Ordonnance de Louis XIV, de 1673. *Paris*,
in 4.

396 Ordonnance de Louis XIV, sur la Marine.
Paris, 1677. *in* 4.

397 Ordonnance de Louis XIV, sur la Marine,
du mois d'Août 1681. *Paris*, 1714. *in* 4.

398 Ordonnance de Louis XIV, pour les Armées
navales & Arsenaux de Marine, du 15 Avril
1689. *Paris*, 1689. *in* 4.

399 Conférence de l'Ordonnance de Louis XIV,
sur les Entrées, Aides, &c. par Jacquin. *Par.*
1703. *in* 4. *m. r.*

400 Recueil des Edits, Déclarations & Arrêts,
depuis 1556 jusqu'en 1752. 89 *vol. in* 4.

401 Recueil des Arrêts & Déclarations des grands
Jours, tenus à Clermont en Auvergne en 1665
& 1666. *Clermont*, 1666. *in* 4.

402 Procès verbal des Conférences de l'Ordon-
nance de 1667 & 1670. *Paris*, 1709. *in* 4.

403 Conférence des Ordonnances de Louis XIV,

par Bornier. *Paris*, 1719. 2 *vol. in* 4.

404 Ordonnances roïaux, sur le fait de l'Amirauté. *Rouen*, 1657. *in* 12.

406 Abregé alphabétique des Edits & Déclarations du Roi Louis XIV. *Paris*, 1685. *in* 12.

407 Ordonnance de Louis XIV, touchant la Marine des Côtes de la Province de Bretagne. *Vannes*, 1685. *in* 4.

408 Recueil des principaux Edits & Déclarations, depuis 1722 jusqu'à 1740. *Par.* 1740. *in* 16.

409 Ordonnances de Louis XV. *Paris*, 1739. *in* 16.

410 Ordonnances de Louis XV, concernant les Donations, &c. *Paris*, 1739. *in* 16.

411 La même Ordonnance. *Paris*, 1746. *in* 16.

412 Nouvelles Ordonnances de Louis XV, sur les affaires qui sont portées au Conseil. *Paris*, 1738. *in* 24.

413 Réglemens de Justice, avec les Tarifs des Droits dûs aux Officiers de Justice pour leurs frais & salaires, & la taxe des dépens de tous les Procès. *Paris*, 1719. 2 *vol. in* 12.

414 Code de la Voierie. *Paris*, 1735. 2 *vol. in* 12.

415 Réglement concernant la Procédure du Conseil. *Paris*, 1687. *in* 12.

416 Réglement de Justice, imprimé par l'ordre de M. le Chancelier. *Paris*, 1712. *in* 4.

417 Recueil par extrait en forme de Dictionnaire, des Edits, Déclarations, &c. sur les Finances. 2 *vol. in fol. Mss.*

418 Recueil des Edits, Déclarations & Réglemens, concernant les Domaines. *Paris*, 1681. 2 *vol. in fol.*

419 Réglement & Modeles pour la tenue des Regis-

tres des Receveurs généraux des Domaines &
Bois. *Paris*, 1724. *in fol.*

3 - - 420 Réglement & Modeles pour la tenue des Re-
giftres des Tréforiers généraux des Troupes de la
Maifon du Roi, & de l'ordinaire des Guerres, &c.
Paris, 1725. *in fol.*

11 - - 19. 421 Adminiftration du recouvrement des impofi-
tions dans les XX Généralités. 2 *vol. in fol.* M.

2 - - 1. 422 Caiffe commune en deniers, pour 1718 &
1719. 2 *vol. in fol.* M.

- - - 72 423 Pieces fugitives, tant imp. que mff. concernant
les Finances du Roïaume. *in fol.*

16 - - 424 Hiftoire générale des Finances, par M. du
Frêne de Francheville. *Paris*, 1738. 2. *vol. in 4.*

10 - - 17. 425 Idée des Finances. M. *in 4. m. r.*

2 - - 19. 426 Elémens de Finance. M. *in 4.*

427 Recette générale des Finances, pour l'année
1742. M. *in 4.*

- - 15 428 Ordonnances militaires. 3 *vol. in fol.*

1 - - - 429 Examen général de la Régie du Sr. Farges.
Paris, 1730. *in fol.*

1 - - 6. 430 Recueil des Edits & Déclarations concer-
nant la Jurifdiction des Confuls de la ville de
Paris. *Paris*, 1705. *in 4. m. r.*

431 Recueil des Chartes, Création, &c. des Colo-
nels, Capitaines & autres Officiers de la ville de
2 - - 16 Paris, par Drouart. *Paris*, 1667. *in 4.*

432 Arrêts prononcés en Robbe rouge, par M. A.
de Nefmond. *Poitiers*, 1617. *in 4.*

- - 10 - 433 Recueil d'Arrêts du Confeil & du Parlement,
dont Arrêt du Parlement de Paris contre Car-
touche & fes Complices. 1722. *in 8.*

434 Recueil d'Edits, Déclarations & Arrêts, tou-
chant le Commerce. *Paris*, 1669. *in 12.*

17 435 Recueil des Edits, Déclarations & Arrêts, con-
cernant le Contrôle. *Paris*, 1708. *in 12.*

436 Arrêt célebre du Parlement de Bordeaux, por-
tant Réglement sur l'état de ceux qui sont congé-
diés de la Société des Jésuites. *Bordeaux*, 1697.
in 12.

437 Recueil des Réglemens faits pour l'usage du
papier & parchemin timbrés, par M. Denizet.
Paris, 1715. *in* 12.

438 Mémoires généraux, pour l'exécution des nou-
velles Ordonnances. *Toulouse*, 1681. *in* 8.

439 Recueil des Edits, Déclarations & Arrêts,
concernant les Saisies-réelles. *Paris*, *in* 8.

440 Edits, Ordonnances & Réglemens, sur le fait
& police des Mines & Minieres de France. *Paris*,
1619. *in* 12.

441 Code Militaire, ou Compilation des Ordon-
nances des Rois de France, concern. les Gens de
guerre, par Briquet. *Paris*, 1735. 4 *vol. in* 12.

442 Recueil de Pieces, touchant les Duels. *in* 4.

443 Recueil de divers Edits du Roi, touchant les
Duels & Rencontres. *Paris*, 1653. *in* 4.

443 * Recueil des Edits, Déclarations & Arrêts
concernant les Duels & Rencontres. *Paris*,
1669. *in* 12.

444 Recueil des Edits, Déclarations & Arrêts con-
tre les Duels. *Paris*, 1660. *in* 4.

445 Dissertation historique sur les Duels, & les
Ordres de Chevalerie. *Amst.* 1720. *in* 8.

446 Recueil des Edits & Déclarations du Roi,
pour savoir ce qui est permis & défendu aux pré-
tendus Réformés. *Paris*, 1681. *in* 8.

447 Recueil des Edits, Déclarations & Arrêts ren-
dus au sujet de la Religion prétendue réformée.
Paris, 1701. *in* 8.

448 Recueil des Edits & Déclarations du Roi, con-
cernant la Religion prétendue réformée. *Rouen*,
1684. *in* 12.

- - 10 449 Recueil de Pieces, fur les Religionnaires de France. *in* 12.

450 Recueil de Pieces, concernant les Religionnaires de France. *in* 4.

2 - - 1. 451 Recueil de Pieces, concernant les Religionnaires. *3 vol. in fol. Mſſ.*

452 Etat des Réformés en France. *La Haye*, 1685 *in* 8.

1 - - 10 453 Les derniers efforts de l'Innocence affligée. 1682 *in* 12.

454 L'irrévocabilité de l'Edit de Nantes, prouvé par les principes de Droit & de la Politique. *Amſt.* 1688. *in* 12.

- - 10 455 La France intereſſée à rétablir l'Edit de Nantes. *Amſt.* 1690... Tableau des Provinces de France. *Paris*, 1693. *in* 12.

- - 10 456 Recueil des Edits, Déclarations & Arrêts du Conſeil, pour le recouvrement des Taxes des Francs-fiefs, &c. *Paris*, 1672. 2 *vol. in* 4.

457 Recueil des Edits, Déclarations & Arrêts, portant création des Greffiers des Domaines des gens de Main-morte. *Paris*, 1693. *in* 8.

3 - - 458 Recueil des Edits, Déclarations & Arrêts, concernant les droits de Contrôle des Actes des Notaires. 2. *vol. in* 4.

459 Recueil des Edits & Déclarations, concernant les Hôpitaux. *Paris*, 1675. *in fol.*

1 - - 7. 460 Recueil des Edits & Déclarations, concernant l'Hôpital général. *Paris*, 1661. *in* 4.

461 L'Hôpital général de Paris. *Paris*, 1676. *in* 4.

2 - - - 462 Extrait ou abregé des Mémoires, touchant le Commerce de France, & le moïen de le rétablir. *Mſſ. in* 4.

3 - - - 463 Mémoires, concernant le Commerce. 2. *vol. in* 4. *Mſſ.*

1 - - 18. 464 Mémoires concernant le Commerce de la France,

France, & le moïen de le rétablir, par J. le C.
Pottier. *in fol. Mss.*

465 Mémoire concernant le Commerce des Indes.
in fol. Mss.

466 Piéces fugitives, tant imp. que mss. concernant
le Commerce. *in fol.*

467 Recueil des Réglemens généraux & particu-
liers, concernant les Manufactures & Fabriques
du Roïaume. *Paris*, 1730. 4 *vol. in* 4.

468 Réglemens, Statuts, Ordonnances & Privi-
léges des Orfévres. *Paris*, 1688. *in* 4. *m. r.*

469 Statuts des Maîtres Tissutiers & Rubanniers.
Paris, 1683. *in* 8.

470 Les Réglemens des Manufactures & Teintures
des étoffes qui se fabriquent dans le Roïaume.
Paris, 1701. *in* 8.

471 Recueil des Edits, Déclarations & Arrêts,
concernant les Arts & Métiers du Roïaume. *Pa-
ris*, 1701. *in* 8.

472 Statuts & Réglemens des Bouchers de la ville
de Paris. *Paris*, 1744. *in* 8. *m. r.*

473 Recueil des Statuts de plusieurs Communau-
tés. 2. *vol. in* 4.

474 Recueil des Statuts des Communautés d'Arts
& Métiers de Paris. *Paris*, 1705. 2 *vol. in* 12.

475 La Conférence des Coutumes, par Guenois.
Paris, 1596. *in fol.*

476 Le nouveau Coutumier général, par Riche-
bourg. *Paris*, 1724. 8 *vol. in fol.*

477 Les Œuvres de Duplessis. *Paris*, 1699. & 1728.
2 *vol. in fol.*

478 Notes de Dumoulin sur les Coutumes de Fran-
ce, mises par matieres. *Paris*, 1715. *in* 4.

479 Philiberti Bugnyon Legum abrogatarum &
inusitatarum in omnibus Curiis & Dominiis
Regni Franciæ Tractatus. *Brux.* 1677. 2 *v. in* 4.

480 Coutume d'Anjou, par du Pineau. *Paris*, 1698. *in fol.*

481 Coutume d'Angoumois, par Vigier. *Angoulême*, 1720. *in fol.*

482 Les Privileges, Franchises, Libertés, Immunités & Statuts de la Ville d'Angoulême. *Angoulême*, 1627. *in 4.*

483 Coutume de Bretagne, avec des explications, par René de la Bigotierre. *Rennes*, 1720. 2 tom. en un vol. *in 12.*

484 Ordonnances & Edits de la Franche-Comté de Bourgogne, par Petremand. *Dole*, 1619. *in fol.*

485 De l'usage des Fiefs & autres Droits seigneuriaux en Dauphiné, par Salvaing. *Grenoble*, 1664. *in 8.*

486 La Coutume de Normandie, par Basnage. *Rouen*, 1709. 2 vol. *in fol.*

487 Coutume de Normandie, par Pierre de Merville. *Paris*, 1707. *in 4.*

488 Dissertation sur le relief des Fiefs de Normandie, par de Jort. *Rouen*, 1710. *in 12.*

489 Us & Coutumes de la Mer. *Rouen*, 1671. *in 4.*

490 La Coutume de Paris, commentée par Ferriere. *Paris*, 1685. 3 vol. *in fol. g. p.*

491 Ordonnances de Louis XIV pour la ville de Paris. *Paris*, 1676. *in fol.*

492 Traité de la Police, par le Commissaire la Marre. *Paris*, 1705. & suiv. 4 vol. *in fol.*

493 Recueil de Pieces, pour la Police de Paris. *in 4.*

494 Coutume de Tourraine, par Pallu. *Tours*, 1661 *in 4.*

495 Les Coutumes & Loix des Villes & Châtellenie du Comté de Flandres, par le Grand. *Cambray*, 1719. 3 vol. *in fol.*

496 Les Plaidoïers de le Maître. *Paris*, 1658. *in* 4.
497 Recueil de Mémoires, Factums & Harangues 4 -- 19
  de Sacy. *Paris*, 1724. 2 *vol. in* 4.
498 Factums de la Pivardiere. *in* 4. *m. r.*
499 Mémoire de la Vie & des Aventures de Philippe 1 -- 19.
  Gargot, Capitaine de Marine. *in* 4.
500 Mémoire pour l'Evêque de S. Omer. *in* 4.
501 Mémoires pour le Sieur de la Peyronie, contre
  les Médecins. *Paris*, 1746. *in* 4.
502 Mémoire pour le Prince de Grimberghen. 1 -- 1.
  Paris, 1750. *in* 4.
503 Requête importante pour le même Prince.
  Paris, 1752. *in* 4.
504 Mémoires pour le Sr. de la Bourdonnais, avec 4 -- 15.
  les Piéces justificatives. *Paris*, 1750. *in* 4.
505 Factum de M. Caille, contre Madame Roland.
  in 4.
506 Recueil de Mémoires & Factums. 5 *vol. in* 4. 7 -- 19.
507 Mémoires sur les Finances, par M. de Lagni. 4 ---
  Mss. in fol.
508 69 Vol. *in fol.* Recueil de Factums & Mémoi- 129 - 19
  res, *reliés & brochés avec des Tables mss.* 72.
509 Loix & Constitutions du Roïaume de Sardaigne. 5 -- 1.
  Turin, 1723. *in fol.*
510 Gul. Prix antiquæ Constitutiones Regni An- 1 -- 4.
  gliæ. *Londini*, 1672. *in fol.*
511 Institution du Droit Belgique, par Grorge de 2 -- 12.
  Ghewiet. *Lille*, 1736. *in* 4.
512 Pauli Francisci Perroni Graphis jurium Fer- -- 10.
  dinandi Caroli, Ducis Mantuæ. *Mantuæ*, 1703.
  in fol.
513 Code Frederic, ou Corps de Droit, pour les 7 -- 12.
  Etats de Sa Majesté le Roi de Prusse. 1751. 3 *vol.*
  in 8.

SCIENCES ET ARTS.

PHILOSOPHIE.

514 Dictionnaire des Arts & des Sciences, par Thomas Corneille. *Paris*, 1731. 2 *vol. in fol.*

515 Discours sur les avantages des Sciences & des Arts. *Geneve*, 1752. *in* 8.

516 Lettre sur le progrès des Sciences, par M. de Maupertuis. 1752. *in* 12.

517 Lettres de M. de Maupertuis. *Berlin*, 1753. *in* 12.

518 De l'état des Sciences en France, sous Charlemagne, par l'Abbé le Bœuf. *Paris*, 1734. *in* 12.

519 Histoire de la Philosophie Païenne, ou Sentimens des Philosophes & des Peuples Païens, sur Dieu, sur l'ame & sur les devoirs de l'Homme, par M. de Pouilli. *La Haye*, 1724. 2 *vol. in* 12.

520 La Vie de Pythagore, ses Symboles, ses Vers dorés, & la Vie d'Hierocles, par Dacier. *Paris*, 1706. 2 *vol. in* 12.

521 Les Œuvres de Platon, trad. en François par Dacier. *Paris*, 1701. 2 *vol. in* 12.

522 La République de Platon, par de la Pilloniere. *Londres*, 1726. *in* 4. *g. p.*

523 Traité de Porphyre, touchant l'abstinence de la chair des Animaux, avec la Vie de Plotin, par M. de Burigny. *Paris*, 1747. *in* 12.

524 Elémens de la Philosophie de Newton, par M. de Voltaire. *Londres*, 1738. *in* 8. *m. r.*

525 Telliamed, ou Entretiens d'un Philosophe Indien & d'un Missionnaire François, sur la diminution de la Mer, &c. par M. Guer. *Amst.* 1748. *in* 8.

526 Cours abregé de Philofophie par Aphorifme, avec le mécanifme de l'Efprit, par le Sage. *Geneve*, 1718. *in* 12.

527 Les Principes de la Philofophie, par Defcartes. *Paris*, 1723. *in* 12.

528 Difcours fur la Méthode pour bien conduire fa raifon & chercher la vérité dans les Sciences, par le même. *Paris*, 1724. 2 *vol. in* 12.

529 Les paffions de l'Ame, par le même. *Paris*, 1726. *in* 12.

530 La Géometrie du même. *Paris*, 1705. *in* 12.

531 Lettres du même. *Paris*, 1724. 6 *vol. in* 12.

532 Voïage du Monde de Defcartes, par le Pere Daniel. *Paris*, 1690. *in* 12.

LOGIQUE, MORALE ET ŒCONOMIE.

533 LA Logique ou l'Art de penfer, par Meffieurs de Port-roïal. *Paris*, 1730. *in* 12.

534 Logique en forme d'entretiens, par le Pere Regnauld. *Paris*, 1746. *in* 12.

535 Le Manuel d'Epictete, & les Commentaires de Simplicius, trad. en Franç. avec des remarq. par Dacier. *Paris*, 1715. 2 *vol. in* 12.

536 Réflexions morales de Marc Antonin, avec des remarq. par Dacier. *Amft.* 1714. 2 *tom. en un vol. in* 12.

537 L'Efprit de Séneque, ou les plus belles penfées de ce grand Philofophe. *Paris*, 1723. 2 *vol. in* 12.

538 Réflexions, Sentences & Maximes morales de M. le Duc de la Rochefoucault, avec les notes d'Amelot de la Houffaye. *Paris*, 1725. *in* 12.

539 Le Spectateur ou le Socrate moderne. *Paris*, 1722. 6 *vol. in* 12.

540 La Spectatrice, Ouvrage trad. de l'Anglois, par M. Trochereau. *Paris*, 1751. *in* 12.

541. Le Mentor moderne, ou discours sur les mœurs du Siecle, trad. d'Adisson & Steele. *Rouen*, 1725. 3 *vol. in* 12.

542 Le Crafts-man, trad. de l'Anglois. *Amsterd.* 1737. 2 *vol. in* 8.

543 Le Misantrope, par Van-Effen. *La Haye*, 1742. 2 *vol. in* 12.

544 La Bagatelle, ou Discours ironiques, par le même. *Lausanne*, 1743. 2 *vol. in* 8.

545 Le Babillard, ou le Nouvelliste philosophe, trad. de l'Anglois de Steele. *Amst.* 1725. *in* 12.

546 La Fable des Abeilles, ou les Fripons devenus honêtes Gens, par Mandeville. *Londres*, 1740. 4 *vol. in* 8.

547 Les Mœures, par M. Toussaint. 1748. *in* 12. *v. f.*

548 Pensées diverses sur l'Homme, par M. Pecquet. *Paris*, 1738. *in* 12.

549 Les Hommes, par de Varene. *Paris*, 1751. 2. *vol. in* 12.

550 Pensées du Comte d'Oxenstiern sur divers sujets. *La Haye*, 1742. 2 *vol. in* 12.

551 Considérations sur les mœurs de ce siécle, par M. Duclos. *Paris*, 1751. *in* 12.

552 Mémoires pour servir à l'Histoire du dix-huitieme Siecle, par le même. *Paris*, 1751. *in* 12.

553 Essai sur l'origine des connoissances humaines, par M. de Condillac. *Amst.* 1746. 2 *vol. in* 12.

554 Traité des Systêmes, où l'on en démêle les inconveniens & les avantages, par le même. *La Haye*, 1749. *in* 12.

555 Les beaux-Arts réduits à un même principe, par M. l'Abbé le Batteux. *Paris*, 1746. *in* 8.

556 De l'interprétation de la Nature, par M. Diderot. 1753. *in* 12.

557 L'Homme consideré en lui-même, par M. Coutan. *Paris*, 1753. *in* 12.

558 Amusement de la Raison , par M. l'Abbé
Seran de la Tour. *Paris* , 1747. *in* 12.

559 Les Caracteres , par Madame de Puysieux.
Londres , 1750. 2 *vol. in* 8.

560 Discours sur l'emploi du Loisir. *Paris* ,
1739... Parallele du cœur , de l'esprit & du bon
sens, par M. Pecquet. *Paris* , 1740. *in* 12.

561 Essai de Philosophie morale, par M. de Mau-
pertuis. *Berlin* , 1749. *in* 12.

562 Dictionnaire œconomique , par Noel Cho-
mel. *Paris* , 1718. 2 *vol. in fol.*

563 Pratique de l'éducation des Princes, par Va-
rillas. *Amst.* 1686. *in* 12.

564 La Fortune des Gens de qualité & des Gen-
tilshommes , par de Cailliere. *Par.* 1663. *in* 12.

565 La Science des Personnes de la Cour, de l'E-
pée & de la Robbe , par Chevigni. *Amst.* 1717.
4 *vol. in* 12. *fig.*

566 Les Elémens de l'éducation , par M. de Bon-
neval. *Amst.* 1745. *in* 12.

567 Le Philosophe chrétien , par Formey. *Leyde* ,
1753. 3 *vol. in* 12.

568 Avantage de l'éducation des Colleges sur
l'éducation Domestique , par l'Abbé de S. Pierre.
Paris , 1740. *in* 12.

569 Maximes sur différens sujets pour la Vie ci-
vile. *Mss. in* 8.

570 Œconomie de la Vie humaine , trad. de
l'Angl. par M. Daine. *Edimbourg.* 1752. *in* 12.
d. s. t.

571 Histoire héroïque pour l'instruction d'un jeu-
ne Prince , par M. du Frêne de Francheville.
Lond. 1739.... Le nouveau Quadrille des En-
fans. *Paris* , 1743.... Exercice sur l'Histoire
de France. 1734. &c. *in* 12.

572 Recueil de divers Ecrits sur l'amour & l'a-

mitié, la politeſſe, la volupté, les ſentimens agréables, l'eſprit & le cœur, par Themiſeuil de Saint Hyacinte. *Bruxelles*, 1736. *in* 12.

10 673 Le nouveau Cuiſinier roïal & bourgeois. *Paris*, 1720. 2 vol. *in* 12. *fig.*

2 374 Feſtin joïeux, ou la Cuiſine en muſique, en Vers libres. *Paris*, 1738. *in* 12.

17 575 Inſtruction pour les Confitures, les Liqueurs & les Fruits. *Paris*, 1717. *in* 12.

POLITIQUE & COMMERCE.

576 ŒUvres de Machiavel. *Amſt.* 1697. 6 vol. *in* 12. *d. ſ. t.*

577 Le Prince de Machiavel, trad. avec des notes, par Amelot de la Houſſaye. *Amſt.* 1694. *in* 12.

578 Le même. *Amſt.* 1696. *in* 12.

10 579 Diſcours politique de Machiavel, ſur la premiere Décade de Tite-Live. *Amſt.* 1701. 3 vol. *in* 12.

7 580 Anti-Machiavel, ou Eſſai de critique ſur le Prince de Machiavel, par M. de Voltaire. *La Haye*, 1740. *in* 8.

581 Les Devoirs de l'Homme & du Citoïen, trad. de Puffendorf, par Barbeyrac. *Amſterd.* 1708. *in* 8.

6 582 Diſcours ſur le Gouvernement, par Sidney. *La Haye*, 1702. 3 vol. *in* 12. 6

10 583 Diſcours ſur le Gouvernement des Monarchies & Principautés ſouveraines, par Ribier. *Paris*, 1630. *in* 4.

584 Le Prince de Fra-Paolo. *Berlin*, 1751. *in* 12.

585 Diſcours politique des Rois, par Scudéry. *Paris*, 1663. *in* 12.

586 Conſidérations politiques, ſur les coups d'Etat,

tat , par Gabriel Naudé. *Rome*, 1679. *in* 12.

587 Gulistan ou l'Empire des Roses , trad. du Persan, par Dalegre. *Paris*, 1704. *in* 12.

588 Directions pour la conscience d'un Roi, par M. de Fenelon. *La Haye* , 1747. *in* 8.

589 Institution d'un Prince , par l'Abbé Duguet. *Leyde* , 1739. 4 *vol. in* 12.

590 Maximes tirées du Livre de l'institution d'un Prince, par le même. 1740. *in* 12. *v. f.*

591 Reflexions politiques de Baltazar Gratian , sur les plus grands Princes. 1730. *in* 4. *g. p.*

592 Lettres sur l'esprit de Patriotisme, & sur l'idée d'un Roi Patriote, par M. de Bissy. *Londres* , 1750. *in* 8.

593 Interêts & Maximes des Princes & des Etats souverains , par le Duc de Rohan. *Cologne* , 1667. *in* 12.

594 Nouveaux Interêts des Princes de l'Europe , par Gratien Sandras des Courtilz. *Colog.* 1712. *in* 12.

595 Recueil de Maximes véritables & importantes pour l'institution du Roi , par Jolly. *Par.* 1652. *in* 8.

596 Les six Livres de la République de Jean Bodin. *Paris* , 1576. *in fol.*

597 Défense de l'Esprit des Loix, à laquelle on a joint quelques éclaircissemens, par M. de Montesquieu. *Geneve* , 1750. *in* 12.

598 Lettres d'un Seigneur Hollandois à un de ses Amis, sur les Droits & les Interêts des Puissances belligérentes. *La Haye* , 1747. 2 *vol. in* 12.

599 De la Charge & Dignité de l'Ambassadeur, par Hotman. *Dusseldorp* , 1613. *in* 12.

600 Mémoires & Instructions pour les Ambassadeurs , par Walsingham. *Amst.* 1717. 4 *vol. in* 12.

601 Le Secret des Cours ou les Mémoires de Walsingham, avec les Remarques de Robert Nanton. *Cologne*, 1695. *in* 12.

602 Négociation de M. Finochetti, Ministre du Roi des deux Siciles à Constantinople, pour le Traité de Commerce. *Mss. in* 8.

603 Essai d'Histoire sur les querelles & les insultes faites aux Ambassadeurs de France. *La Haye*, 1748. *in* 12.

604 La Politique civile & militaire des Venitiens, par de la Haye, *Cologne*, 1670. *in* 12.

605 Coup-d'œil Anglois, sur les Cérémonies du Mariage. *Geneve*, 1750. *in* 12.

606 Œuvres de politique de l'Abbé de S. Pierre. *Rotterd.* 1738. 13 *vol. in* 12.

607 Projet pour rendre la Paix perpétuelle en Europe, par le même. *Utrecht*, 1713. 3 *vol. in* 12.

608 Projet d'une Taille tarifée, par le même. *Rotterd.* 1737. *in* 12.

609 Supplément au projet d'une Taille tarifée, par le même. *in* 12. *broch.*

610 Mémoire pour diminuer le nombre des Procès, par le même. *Paris*, 1725. *in* 12.

611 Nouveau Plan du Gouvernement des Etats souverains, par le même. *Rotter.* 1738. *in* 12.

612 Discours sur la Polysynodie, par le même. *Paris*, 1718. *in* 4.

613 Traité de la Politique, de France, par M. de Chastelet. *Cologne*, 1679. *in* 12.

614 La France politique, ou ses desseins exécutés & à exécuter. *Charleville*, *in* 12.

615 De la maniere de Négocier avec les Souverains, par M. de Callieres. *Amst.* 1716. *in* 12.

616 Le Conseiller d'Etat ou Recueil général de la Politique moderne. *Paris*, 1665. *in* 12.

617 Discours sur l'art de Négocier, par M. Pec-
quet. *Paris*, 1737. *in* 8.

618 Entretien d'un Européen avec un Insulaire
du Roïaume de Dumocala, par S. M. le Roi
Stanislas. 1752. *in* 12.

619 Dictionnaire universel du Commerce, par
Savary. *Paris*, 1723. 3 *vol. in fol.*

620 Le parfait Négociant, par le même. *Paris*
1713. 2 *vol. in* 4. *m. r.*

621 Traité du Commerce, par Samuel Ricard.
Amst. 1714. *in* 4.

622 Les Changes étrangers, par Barrême. *Par.*
1709. 2 *vol. in* 8. *m. r.*

623 Lettre à un Actionnaire de la Compagnie
des Indes orientales d'Angleterre, Angl. &
Franç. *Londres*, 1750. *in* 8.

624 Questions les plus curieuses & les plus déli-
cates sur le Commerce, avec leurs solutions,
par Gobain. *Bordeaux*, 1717. *in* 8.

625 Manuel des Marchands pour les négociations
en Change. *Paris*, 1746. *in* 12.

626 L'Art des Lettres de change, suivant l'usa-
ge des plus célébres Places de l'Europe, par
du Puys. *Paris*, 1693. *in* 8.

627 Le Guide des Comptables, ou l'Art de rédiger
soi-même toutes sortes de Comptes, par d'He-
nouville. *Paris*, 1719. *in* 8.

628 Le Négoce d'Amsterdam, par le Moine de
Lepine. *Amst.* 1710. *in* 4.

629 Traité des Prêts de Commerce, où l'on com-
pare la doctrine des Scolastiques sur ces prêts
avec celle de l'Ecriture sainte & des SS. Peres.
Lille, 1738. *in* 4.

630 Essai politique sur le Commerce, par M.
Melon. *Paris*, 1736. *in* 12.

631 Reflexions politiques sur les Finances & le

Commerce, par M. Dutot. *La Haye*, 1738. 2 *vol. in* 12.

632 Examen du Livre précédent. *La Haye*, 1740. 2 *vol. in* 12.

633 Essai sur la Marine & sur le Commerce, par M. Deslandes. 1743. *in* 8.

634 Traité de Commerce de Terre & de Mer. *Paris*, 1714. 2 *vol. in* 12.

635 Considérations sur le Commerce & la Navigation de la grande Bretagne, trad. de l'Ang. *Londres*, 1749. *in* 12.

636 Systême politique sur le Commerce & la Marine, par de Bouciquault. 1709. *in* 4. velin.

637 Considérations sur le Commerce & sur l'argent, par Law. *La Haye*, 1720. *in* 12.

638 Traité & abregé du Commerce de la France. *Mss. in* 4.

639 Mémoires sur le Commerce des Hollandois, dans tous les Etats & Empires du Monde. *Amst.* 1718. *in* 8.

METAPHYSIQUE.

640 Demonstration de l'Existence de Dieu, par la Motte de Fenelon. *Paris*, 1718. *in* 12.

641 Principes de Philosophie, ou preuves naturelles de l'Existence de Dieu & de l'immortalité de l'Ame, par Genest. *Paris*, 1716. *in* 8.

642 Essai Philosophique, concernant l'entendement humain, trad. de Lock, par Coste. *Amst.* 1735. *in* 4.

643 Abregé de Lock sur l'entendement humain, par Bosset. *Londres*, 1751. *in* 12.

644 Le Parti le plus sûr, ou la Vérité reconnue, au sujet du Discours de la liberté de penser. *Bruxelles*, 1715. *in* 8.

645 Vraies & fausses Idées , par M. Arnauld.
  Amst. 1753. *in* 8.
646 Défense de M. Arnauld , contre la réponse
  des vraies & fausses Idées. *Cologne* , 1688.
  in 8.
647 Les Méditations Métaphysiques , par Descar-
  tes. *Paris* , 1724. 2 *vol. in* 12.
648 Entretiens sur la Métaphysique & sur la Re-
  ligion , par Malbranche. *Rotterd.* 1690. *in* 12.
649 Traité de Morale , par le même. *Rotterd.*
  1684. *in-*12.
650 Essai sur le Beau , par le P. André. *Paris* ,
  1741. *in-*12.
651 Traité de l'Opinion , par le Gendre de Saint
  Aubin. *Paris* , 1733. 6 *vol. in-*12.
652 Traité historique des principaux Signes qui
  servent à manifester les pensées , ou le com-
  merce des Esprits , par Costadau. *Lyon* , 1720.
  8 *vol. in* 12. *fig.*
653 Dialogues entre Hylas & Philonous , contre
  les Sceptiques & les Athées , trad. de l'Angl.
  de Berkeley. *Amst.* 1750. *in-*12.
654 L'Amour dévoilé ou le Systeme des Sympa-
  thistes. 1749, *in* 12.
655 De la Certitude des connoissances humai-
  nes , ou Examen philosophique sur diverses pré-
  rogatives de la Raison & de la Foi , trad. de
  l'Anglois. *Londres* , 1741. *in* 8.
656 Le Comte de Gabalis , les Génies assistans
  & les Gnomes irréconciliables , par l'Abbé de
  Villars. *Amst.* 1715. 2 *tom. en* 1 *vol. in* 12.
657 Dissertations sur les Apparitions des Anges,
  des Démons & des Esprits , par D. Augustin
  Calmet. *Paris* , 1746. *in* 12.
658 Traité historique & dogmatique, sur les Ap-
  paritions, les Visions & les Révelations, par

Lenglet du Fresnoy. *Paris*, 1751. 6 *vol. in* 12.

2 - 8. 659 Histoire du Diable , trad. de l'Angl. *Amst.*
1730. 2 *tom. en* 1 *vol. in* 12.

3 - - 660 Histoire des Diables de Loudun, ou la con-
damnation d'Urbain Grandier. *Amsterd.* 1716.
in 12.

3 - - 660 * Examen & discussion critique de l'histoire
des Diables de Loudun, par M. de la Menar-
daye. *Liege* , 1749. *in* 12.

PHYSIQUE & HISTOIRE NATURELLE.

2 - - 661 Traité de Physique, par Rohault. *Holl.*
1692. 2 *vol. in* 12.

{ 662 Abregé de la Physique de Rohault. *in* 4. *Mss.*
- -16 { 663 Principes de Physique , par Chambon. *Paris*,
{ 1711. *in* 12.

1 - - 8. 664 Experiences de Physique , par Poliniere. *Par.*
1718. *in* 12.

7 - - 19 665 Les Entretiens physiques d'Ariste & d'Eudo-
xe, ou Physique nouvelle en Dialogues , par
le P. Regnault. *Paris* , 1745. 5 *vol. in* 12. *fig.*

4 - - 12. 666 Institution de Physique , par Madame du
Chatelet. *Paris* , 1740. *in* 8. *m. r.*

- - 10 667 Observations curieuses sur toutes les parties
de la Physique. *Paris.* 1719. *in* 12.

1 - - - 668 Observations de Physique & d'Histoire na-
turelle , par M. de Secondat. *Paris*, 1750.
in 12.

1 - - - 669 Nouvelles Fontaines domestiques , approu-
vées par l'Académie des Sciences. *Paris*, 1750.
in-12.

1 - - 11. 670 Dissertation physique à l'occasion du Negre
blanc, par M. de Maupertuis. *Leyde*, 1744.
in 8.

{ 671 Dissertation sur l'électricité des corps , par

Monfieur Morin. *Chartres* , 1748. *in*-12.

672 Réponfe de Madame, à la Lettre de M. de Marian, fur la queftion des forces vives. *Bruxelles*, 1741. *in* 8.

673 Hiftoire des anciennes Révolutions du Globe terreftre, par M. Sellius. *Paris*, 1752. *in* 12.

674 Catalogue raifonné des effets de curiofité de M. Angran de Fontpertuis, par Gerfaint. *Par.* 1747. *in* 12.

675 Maniere de rendre toutes fortes d'Edifices incombuftibles, par M. le Comte d'Efpie, avec les Plans. *Paris*, 1754. *in* 12. *d. f. t.*

676 Hiftoire critique de l'ame des Bêtes, par Guer. *Amft.* 1749. *2 vol. in* 8.

677 Apologie des Bêtes, par Morfonace de Beaumont. *Paris*, 1732. *in* 8. *m. r.*

678 Amufement philofophique fur le langage des Bêtes, par le P. Bougeant. *Paris*, 1739. *in*-12.

679 Enchiridion Leonis Papæ, fereniffimo Imperatori Carolo Magno in munus pretiofum datum. *Moguntiæ*, 1633. *in* 24.

680 Les admirables Secrets d'Albert le grand. *Lyon*, 1729. *in* 12.

681 Secrets merveilleux de la Magie naturelle & cabaliftique du Petit Albert. *Lyon*, 1729. *in* 12. *fig.*

682 Inftruction pour la préparation de l'Epée qui a tué. *Manufc. fur velin. in* 8.

683 Dictionnaire pratique du bon Ménager de Campagne & de Ville, par Liger. *Paris*, 1715. *2 vol. in* 4.

684 Inftruction pour les Jardins fruitiers & potagers, par la Quintinie. *Paris*, 1700. *2 vol. in* 4. *fig.*

685 La Théorie & Pratique du Jardinage, *Paris*, 1709. *in* 4.

686 Le Jardinier folitaire. *Paris*, 1712. *in* 12.

687 Maniere de cultiver la Vigne & de faire le Vin en Champagne. *Reims*, 1722. *in* 4.

688 Curiofités de la Nature & de l'Art, fur la Végétation ou l'Agriculture & Jardinage, par l'Abbé de Vallemont. *Brux.* 1715. 2 *vol. in* 12.

689 Nouveau Traité de la taille des Arbres fruitiers, par Dahuron. *Paris*, 1719. *in*-12. *fig.*

690 Obfervations fur la culture des Arbres fruitiers. *Paris*, 1718. *in* 12.

691 Nouvelle Inftruction pour connoître les bons Fruits felon les mois de l'année. *Paris*, 1670. *in* 12.

692 Les plaifirs innocens & amoureux de la Campagne, contenant un Traité des Mouches à miel, des Vers à foie, de la Venerie & de la Fauconnerie. *Amft.* 1699. *in* 12.

693 Les Rufes innocentes, ou Traité de la Chaffe & de la Pêche. *Paris*, 1688. *in* 4.

694 Traité de toutes fortes de Chaffe & de Pêche. *Amft.* 1714. 2 *vol. in* 12.

695 Hiftoire des Plantes qui naiffent aux environs d'Aix & dans plufieurs autres endroits de la Provence, par Garidel. *Aix*, 1715. *in-fol. maroq. r.*

696 Hiftoire des Plantes qui naiffent aux environs de Paris, par Pitton de Tournefort. *Paris*, 1698. *in* 12.

697 Abregé de l'hiftoire des Plantes ufuelles, par Chomel. *Paris*, 1712. *in* 12.

698 De l'origine & du progrès du Caffé. *Caen*, 1699. *in* 12.

699 Hiftoire naturelle du Cacao & du Sucre. *Paris*, 1719. *in* 12. *fig.*

700 Traité des Eaux minérales de Bourbonne-les-Bains, par Baudry. *Dijon*, 1736. *in* 8.

701

701 Hiſtoire des Singes, & autres Animaux cu-rieux. *Paris*, 1752. *in* 12.

MÉDECINE, ANATOMIE, CHIRURGIE, PHARMACIE ET CHYMIE.

702 DEs Propriétés de la Médecine par rapport à la vie civile, par de Santeul. *Par.* 1739. *in* 12.

703 La Médecine raiſonnée de Hoffman, trad. par M. Bruhier. *Paris*, 1739. 2 *vol. in* 12.

704 Nouveau Recueil des plus beaux ſecrets de Médecine pour la gueriſon de toutes les Maladies, par Lemery. *Paris*, 1737. 4 *vol. in* 12.

705 Traité de la vertu des Médicamens, trad. de Boerhave, par Devaux. *Paris*, 1739. *in* 12.

706 La Génération de l'homme, ou le Tableau de l'Amour conjugal, par Venette. *Amſt.* 1732. 2 *vol. in* 12. *fig.*

707 La Médecine d'Armée, par de Meyſerey. *Par.* 1754. *in* 12. *tome premier.*

708 Eſſai de Médecine-pratique pour l'uſage des pauvres Gens de la campagne, & pour l'inſtruction des jeunes Chirurgiens, par M. Vignon. *Paris*, 1745. 2 *vol. in* 12. *v. ſ. d. ſ. t.*

709 Le Médecin de ſoi-même, ou l'Art de ſe conſerver en ſanté, par Lenſtinct. *Leyde*, 1687. *in* 12.

710 Recueil des Méthodes pour guerir les Maladies véneriennes, par Helvetius, avec l'art de ſuccer les plaies, par Dominique Anel. *Trevoux*, 1720. *in* 12.

711 Hiſtoire des perſonnes qui ont vécu pluſieurs ſiécles, & qui ont rajeunis avec le ſecret du rajeuniſſement, par de Longeville. *Par.* 1715. *in* 12.

712 Pratique des Maladies chroniques ou habituelles. *Paris*, 1724. *in* 12.

G

713 Les Vertus médicinales de l'eau commune. *Paris*, 1730. 2 *vol. in* 12.

714 L'Art de faire des Garçons, par M. Procope. *Montpellier*, 1748. 2 *tom. en un vol. in* 12.

715 Traité des Alimens, par Lemery. *Paris*, 1705. *in* 12.

716 De la Sobriété & de ses avantages, par Cornaro. *Paris*, 1701. *in* 12.

717 L'Anatomie du corps humain, par de S. Hilaire. *Paris*, 1698. 2 *vol. in* 8. *fig.*

718 Traité de la petite verole, avec la maniere de guerir cette maladie, par de la Metrie. *Paris*, 1740. *in* 12.

719 Lettres sur l'imagination des Femmes enceintes. *Paris*, 1745. *in* 12. *d. f. t.*

720 Traité de la stucture du cœur, de son action & de ses maladies, par M. Senac. *Paris*, 1749. 2 *vol. in* 4. *fig.*

721 Traité des causes & des accidens de la Peste, par le même. *Paris*, 1744. *in* 4.

722 De la génération des vers dans le corps de l'homme, par Andry. *Paris*, 1718. *in* 12.

723 Traité des Accouchemens, par Mauriceau. *Paris*, 1740. 2 *vol. in* 4. *fig.*

724 L'Art de conserver les dents, par Gerauldy. *Paris*, 1737. *in* 12.

725 Cours d'Opérations de Chirurgie, par Dionis. *Paris*, 1707. *in* 8. *fig.*

726 Dissertation sur l'effet des Topiques dans les maladies internes. 1744. . . . Dissertation sur une Bible Hébraique, par M. Adolphe. 1743 . . . . Fragment d'un Voïage d'Egypte & de Venise. . . Eloge de M. de Polignac, par M. de Mairan. 1742. . . . Médaillon sur la convalescence du Roi. . . Dissertation sur les Médailles de l'Empereur Commode, & autres pieces. *in* 12.

727 Histoire générale des Drogues, par Pomet. 8 - - 17.
Paris, 1694. *in fol.*

728 Traité universel des Drogues simples, par 6 - - 19
Lemery. *Paris*, 1698. *in 4.*

729 Pharmacopée universelle, par le même. *Paris*, 7 - - 8.
1698. *in 4.*

730 Cours de Chymie, par l'Emery. *Paris*, 1690. 7 - - ·
in 8.

731 Pharmacopée Galénique & Chymique, par 6 - - 17.
Charas. *Lyon*, 1753. *in 4. fig.*

732 Formules de Pharmacie pour les Hôpitaux mi-
litaires du Roi. *Paris*, 1747. *in 12.*
733 Chymie Médicinale, par Malouin. *Paris*, 2 - 2.
1750. 2. *vol. in 12.*

734 Mémoire sur le Laminage du plomb, par M. 1 - - 1.
Remond de Sainte Albine. *Paris*, 1746. *in 8.*
m. r. fig.

735 Histoire de la Philosophie Hermétique, avec
un Catalogue raisonné des Ecrivains de cette
Science, par l'Abbé Lenglet. *Paris*, 1744. 3 *vol.*
in 12.

MATHÉMATIQUE, ARITHMÉTIQUE,
ALGEBRE ET GÉOMETRIE.

736 ENtretiens Mathématiques sur les Nombres,
l'Algebre, la Géometrie, &c. par le P. Regnault.
Paris, 1743. 3. *vol. in 12. fig.*

737 Dictionnaire Mathématique d'Ozanam. *Paris*, 6 - - -
1691. *in 4.*

738 Recréations Mathématiques & Physiques, par 12 - - 18.
le même. *Paris*, 1735. 4 *vol. in 8. fig.* 2

739 L'Arithmétique-pratique, par Bourmon. - - 16
Paris, 1719. *in 8. m. r.*

740 L'Arithmétique en sa perfection, par Legen- 1 - - 13.
dre. *Paris*, 1753. *in 12.*

741 Le Livre facile pour apprendre l'Arithmétique sans Maître, par Barême. *Par.* 1704. *in* 12. *m. r.*

742 Les Loix universelles en nombres, poids & mesures, par Maslot. *Troyes*, 1718. *in* 8. *m. r.*

743 Nouveaux Elémens d'Algebre & de Géometrie, par M. Blaise. *Paris*, 1743. *in* 4. *m. r.*

744 Elémens d'Algebre, par M. Clairaut. *Paris*, 1746. *in* 8. *g. p.*

745 Essai d'Analyse sur les Jeux de hasard, par Pierre de Montmort. *Paris*, 1708. *in* 4.

746 Résolution géométrique du célebre problême de la quadrature du cercle, par M. Chardon. *..., 1746. in* 8. *m. b.*

747 ... artificielle du Tems, Traité de la divi... naturelle & artificielle du Tems, des Horlo... & des Montres, par Henri Sully, aug. par Julien le Roi. *Paris*, 1737. *in* 12.

747* Traité d'Orlogerie pour les Montres & les Pendules, par Derham. *Paris*, 1731. *in* 12.

HYDROGRAPHIE, ASTROLOGIE ET MUSIQUE.

748 DIctionnaire des Termes propres de Marine, par Desroches. *Paris*, 1687. *in* 8.

749 Essai sur la Marine des Anciens, & particulierement sur leurs Vaisseaux de guerre, par M. Deslandes. *Paris*, 1648. *in* 12. *fig.*

750 Mémoire des Saluts de Mer, par Salot. *Mss. in* 4.

751 Des Prises qui se font en Mer, par de Valincourt. *Mss. in* 4.

752 La Clef de Nostradamus. *Paris*, 1710. *in* 12.

753 Connoissance des Tems pour les années 1745 & 1746. *Paris*, 2 vol. *in* 8.

754 Dialogue sur la Musique des Anciens, par

l'Abbé de Chateauneuf. *Paris*, 1735. *in* 12.

755 Elémens de Musique Théorique & Pratique *2 - - 10*
suivant les Principes de Rameau, par M. Dal-
lembert. *Paris*, 1752. *in* 8.

756 Cantates françoises, mêlées de Symphonies. *3 - - 19*
Paris, 1715. *in fol.*

757 Ænée & Lavinie, Tragedie mise en Musique,
par Collasse. *Paris*, 1690. *in fol.* *3 - - 3*
758 Achille & Polixene, Tragedie mise en Musi-
que, par Lully & Collasse. *Paris*, 1687. *in fol.*

759 Défense de la Basse-de-viole contre les entre- - · *16*.
prises du Violon, par le Blanc. *Amst.* 1740. *in* 12.

A R T S.

ECRITURE, PEINTURE ET SCULPTURE.

760 Nouveaux Traités d'Ecritures gravés d'a- *3 - - 13*.
près le Chef-d'œuvre de Rossignol, par Glan-
chant. *Paris*, 1743. *in fol.*

761 Dissertation sur les Ouvrages des plus fameux *1 - - 10*.
Peintres, par de Piles. *Paris*, 1681. *in* 12.

762 L'Art de Peinture de C. A. du Fresnoy, trad. *2 - - -*
avec des rem. par de Piles. *Paris*, 1751. *in* 12.

763 Dissertation sur les Ouvrages des plus fameux *1 - - 19*
Peintres, par de Piles. *Paris*, 1681. *in* 12.

764 Les Regles du Dessein & du Lavis, par M. *3 - - 7*.
Burchotte. *Paris*, 1743. *in* 8. *m. b.*

765 Dictionnaire des Monogrammes, trad. de *6 - · ·*
l'Allemand, par M. Selius. *Paris*, 1750. *in* 8.
m. r.

766 Description des Desseins & Tableaux du Ca- *7 - - 17*.
binet de M. Crozat, dressé par M. Mariette.
Paris, 1741. *in* 8.

767 Description des Tableaux du Palais-roïal, par *2 - - 8*.
de S. Gelais. *Paris*, 1737. *in* 12. *m. r.*

768 Réflexions sur quelques causes de l'état pré- *1 - - 10*.

sent de la Peinture en France, par de la Fond. *La Haye*, 1747. *in* 12.

769 Recueil de Pieces sur les Tableaux exposés au Louvre en 1739. *in* 12.

770 Lettre sur la Peinture, Sculpture & Architecture. 1748. *in* 12.

ARCHITECTURE.

771 LEs Principes d'Architecture, Sculpture & Peinture, par Felibien. *Paris*, 1676. *in* 4.

772 Les dix Livres d'Architecture de Vitruve, traduits par Perault, deuxieme édit. *Paris*, 1684. *in fol. fig.* 40.

773 L'Architecture des Voutes, ou l'Art des traits & coupes des Voutes, par le P. Derand. *Paris*, 1755. *in fol. fig.*

774 Regles des cinq ordres d'Architecture, par Vignol. *Paris*, 1665. *in* 12. *fig.*

775 L'Architecture de Vingboons. *Leyde*, 1715. *in fol. fig.*

776 Maniere de bâtir pour toutes sortes de personnes, par le Muet. *Paris*, 1680. *in fol. fig.*

777 L'Architecture-pratique, par Bullet. *Paris*, 1691. *in* 8. *fig.*

778 Traité des cinq ordres d'Architecture, trad. de Palladio, par le Muet. *Paris*, 1647. *in* 4.

779 Traité des Bois servans à tous usages, par Caron. *Paris*, 1676. 2 *vol. in* 8. *fig.*

780 Devis des Ouvrages de Massonnerie, Charpenterie & Menuiserie pour les Maisons du Roi, dressées par M. de Costes. *Paris*, 1709. *in fol.*

781 Loix des Bâtimens, par M. Desgodets, avec des notes de M. Goupy. 1748. *in* 8.

ART MILITAIRE.

782 LEs Rufes de guerre de Polyen, avec les
Stratagêmes de Frontin. *Paris*, 1739. 2 *vol. in* 12.

783 Les Travaux de Mars, ou l'Art de la guerre,
par Allain - Manefson - Mallet. *Paris*, 1685. 3
vol. in 8. *fig.*

784 Art de la Guerre, par M. de Puyfegur. *Paris*,
1749. 2 *vol. in* 4. *fig.*

785 Extrait de l'Art de la guerre de Puyfegur, par
M. de Traverfe. *Paris*, 1752. *in* 12.

786 Elémens de l'Art militaire, par M. d'Hericourt.
La Haye, 1739. *in* 12.

787 Mémoires d'Artillerie, par Surirey de S. Remy.
Paris, 1697. 2 *vol. in* 4. *fig.*

788 Nouvelles Découvertes fur la guerre, par le
Chevalier Folard. *Paris*, 1726. *in* 12.

789 Obfervations fur l'Art de faire la guerre, fui-
vant les maximes des plus grands Généraux, par
Vaultier. *Paris*, 1714. *in* 12.

790 Réflexions militaires & politiques, trad. de
Santa-Cruz, par de Vergy. *Paris*, 1735. 11 *vol.*
in 12.

791 Etudes militaires, par M. Bottée. *Paris*, 1731.
in 12. *d. f. t.*

792 La conduite de Mars, néceffaire à tous ceux
qui font profeffion des Armes. *La Haye*. 1685...
Journal des Mouvemens & Campemens de l'Ar-
mée du Roi en Flandres, commandée par M. de
Luxembourg, par Vaultier. *Lille*, 1691. *in* 12.

793 Détails militaires, dont la connoiffance eft
néceffaire à tous les Officiers, par M. de Chenne-
viere. *Paris*, 1712. 2. *vol. in* 12.

794 Le même Livre. *Paris*, 1742. 2 *vol. in* 12.

795 Le même, Edit. aug. *Par.* 1750. 4 *v. in* 12. *m. r.*

796 Traité des Evolutions militaires, par M. de Bombelles. *Paris*, 1754. *in* 12.

797 Instructions militaires, par M. le Comte de Spar. *Paris*, 1753. *in* 8.

798 Le Service ordinaire & journalier de la Cavalerie, par le Coqmadeleine. *Paris*, 1720. *in* 12.

799 Mémoires pour le Service journalier de l'Infanterie, par Bombelles. *Paris*, 1719. 2 *vol. in* 12. *m. r.*

800 Le Munitionnaire des Armées de France, par Nodot. *Bruxelles*, 1697. *in* 8. *d. f. t.*

801 Introduction à la fortification, ou les forces de l'Europe, par de Fer. *in fol. oblong.*

802 Traité des Feux d'artifices pour les Spectacles & pour la Guerre, par Perinet d'Orval. *Berne*, 1750. *in* 12. *m. r.*

803 L'Art des Armées navales, ou Traité des Evolutions navales, par Hoste. *Lyon*, 1697. *in fol. fig.*

PYROTECHNIE ET GYMNASTIQUE.

804 Art de la Verrerie de Neri, Merret & Kunckel. *Paris*, 1752. *in* 4. *fig.*

805 La Connoissance parfaite des Chevaux. *Paris*, 1712. *in* 8. *fig. d. f. t.*

806 L'Art de monter à Cheval, ou Description du Manége moderne, par le Baron d'Eisenberg, avec des fig. grav. par Picart. *La Haye*, 1737. *in fol. oblong.*

807 Traité des Armes, par Girard. *La Haye*, 1740. *in* 4. *fig.*

808 Les quatre Livres de la Venerie d'Oppian, Poète grec, trad. par Florant Chretien. *Paris*, 1575. *in* 4.

809 La Venerie roïale de Salnove. *Paris*, 1665. *in* 4.

810

810 Nouveau Traité de Venerie, par Chappeville. 2 - - 15
Paris, 1750. *in* 8. *fig.*

811 Académie univerſelle des Jeux. *Paris*, 1730. 2 - - 10.
in 12.

BELLES-LETTRES.

GRAMMAIRES ET DICTIONNAIRES.

812 Reflexions ſur la Grammaire, la Rhétori-
que, la Poétique & l'Hiſtoire, par Fenelon.
Paris, 1716. *in* 12.   1   2

813 Pratique de la Mémoire artificielle, par le P.
Buffier, *Paris*, 1735. *in* 12.

814 Joan. Buxtorfi Hexicon hebraicum & chal- 3
daicum. *Baſilea*, 1735. *in* 8.

815 Stephani Fourmont Grammatica Sinica. *Pariſ.* 5
1742. *in fol.*

816 Car. Dufreſne Dom. du Cange Gloſſarium ad 7   1
Scriptores mediæ & infimæ Latinitatis. *Pariſiis*,
1678. 3 *vol. in fol.* 8

817 Idem, editio nova auctior, ſtutio Monach. 16   9
40 Ord. S. Benedicti. *Pariſ.* 1733. 6 *vol. in fol. g. p.*

818 Boudot Dictionarium Latino-Gallicum. *in fol.* 1   10

819 Méthode pour apprendre à lire le Latin & le   18
François par un ſyſtême très aiſé, par M. de
Laulnay. *Paris*, 1742. *in* 12.

820 Remarques nouvelles ſur la Langue françoiſe, 1   10
par le P. Bouhours. *Paris*, 1692. 2 *vol. in* 12.

821 Nouvelle Grammaire françoiſe, par Chiflet.   16
Paris, 1706. *in* 12.

822 Principes généraux & raiſonnés de la Gram-   19
maire françoiſe, par M. Reſtaut. *Paris*, 1745.
in 12.

H

1 19 823 Synonymes françois, par M. l'Abbé Girard. *Paris*, 1736. *in* 12.

24 19 824 Méthode pour apprendre l'Ortographe & la Langue françoise, par Jaquier. *Paris*, 1736. *in* 8.

825 Dictionnaire universel de la Langue françoise, par Furetierre, augmenté par Basnage de Beauval. *La Haye*, 1701. 3 *vol. in fol.* 20

10 12 826 Dictionnaire françois, par Pierre Richelet. *Lyon*, 1719. 2 *vol. in fol.*

2 10 827 Dictionnaire comique, satyrique, critique, burlesque, libre & proverbial, par le Roux. *Lyon*, 1735. *in* 8.

1 11 828 Le Maître Italien dans sa derniere perfection, par Veneroni. *Paris*, 1752. *in* 12.

2 8 829 Grammaire espagnole & françoise, par Sobrino. *Bruxelles*, 1745. *in* 12.

830 Dialogues espagnols & françois, par le même. *Bruxelles*, 1738. *in* 12.

RHÉTORIQUE.

2 831 LA Rhétorique d'Aristote, trad. en franç. par Cassandre. *La Haye*, 1718. *in* 12.

1 10 832 La Rhétorique, ou l'Art de parler, par le P. Lamy. *Paris*, 1715. *in* 12.

833 La Rhétorique, ou les Regles de l'Eloquence, par Gibert. *Paris*, 1749. *in* 12.

1 19 834 Jugemens des Savans sur les Auteurs qui ont traité de la Rhétorique, par Gibert. *Paris*, 1719. 3 *vol. in* 12.

10 835 Essai sur l'Etude des Belle-Lettres, par M. l'Abbé Mallet. *Paris*. 1747. *in* 12.

7 6 836 Œuvres de Toureil. *Paris*, 1721. 2 *vol. in* 4.

10 837 Oraisons de Demosthene & de Ciceron. *Par.* 1727. *in* 12.

106. 10 838 M. T. Ciceronis Opera, ex recentione, &c

60 commen. Oliveti. *Parisiis*, 1740. 8 *vol. in* 4.

840 Traduction du Traité de l'Orateur de Ciceron, avec des notes, par Colin. *Paris*, 1737. *in* 12.

841 Tusculanes de Ciceron, trad. par l'Abbé d'Olivet. *Paris*, 1732. *in* 12.

842 Quintilien, de l'Institution de l'Orateur, trad. par Gedoyn. *Paris*, 1718. *in* 4.

843 Gerardi Joan. Vossii Rhetorices contractæ sive partitionum Oratoriarum Libri V. *Parisiis*, 1671. *in* 12.

844 Oratio ad Philosophiam. *Mss.*

845 Recueil de plusieurs Harangues, Remontrances, Discours & Avis d'affaires d'Etat, recueillies par Jean Lannel. *Paris*, 1623. *in* 8.

846 Le Trésor des Harangues. *Paris*, 1660. *in* 4.

847 Recueil des Harangues prononcées par Messieurs de l'Académie françoise. *Paris*, 1714. 4 *vol. in* 12.

848 Recueil de Harangues & Pieces d'Eloquence. 4 *vol. in* 4.

849 Recueil d'Oraisons funebres, par Bossuet, Flechier, & autres. 5 *vol. in* 4.

850 Harangues faites au Roi en 1700. *Paris*, 1700. *in* 4.

851 Discours à la louange de Louis XV, surnommé le Bien-aimé. *Bordeaux*, 1746. *in* 12.

852 Recueil de Sermons, Oraisons funébres, Harangues de l'Academie, & Panegyriques. 3. *vol. in* 4.

853 Recueil de divers Oraisons funébres, Harangues & autres Pieces. *Lille*, 1691. 3 *vol. in* 12.

854 Recueil d'Oraisons funébres, prononcées par Antoine Anselme. *Paris*, 1701. *in* 12.

POÉTIQUE.

POETES GRECS & LATINS.

1 4 855 Connoissance des beautés & des défauts de la Poésie. *Lond.* 1749. *in* 12.
856 Traité du Poème épique, par le Bossu. *Paris*, 1708. *in* 12.

1 4 857 Histoire de la Poésie françoise, par Mervesin. *Paris*, 1706. *in* 12.
858 Histoire de la Poésie françoise, par l'Abbé Massieu. *Paris*, 1739. *in* 12.

3 859 La Poétique d'Aristote, trad. en françois, avec des remarques, par Dacier. *Paris*, 1693. *in* 4.

18 860 L'Iliade & l'Odissée d'Homere, trad. par Madame Dacier. *Paris*, 1711. *6 vol. in* 12.

16 861 Apologie d'Homere, & Bouclier d'Achilles. *Paris*, 1715. *in* 12.
862 Homere défendu contre l'Apologie du P. Hardouin, par Dacier. *Paris*, 1716. *in* 12.

2 3 863 Des causes de la corruption du Goût, par Madame Dacier. *Paris*, 1714. *in* 12.
864 Remarques sur Virgile & sur Homere, & sur le Style prétendu poétique de l'Ecriture sainte, par Feydy. *Paris*, 1705 & 1710. *2 vol. in*-12.

1 10 865 L'Œdipe & l'Electre de Sophocle Trag. grecques, trad. en franç. avec des remarques. *Paris*, 1692. *in*-12.

1 10 866 Le Plutus & les Nuées d'Aristophane, trad. en franç. par Mademoiselle le Fevre. *Paris*, 1684. *in* 12.

1 16 867 Les Poésies d'Anacreon & de Sapho, trad. en franç. avec des remarq. par Mademoiselle le Fevre. *Paris*, 1681. *in* 12.

868 Les Idilles de Bion & de Moschus , trad. du grec en Vers franç. par de Longepiere. *Par.* 1686. *in-*12.

869 Les Idilles de Théocrite , trad. en Vers franç. par Longepiere. *Paris*, 1688. *in-*12.

870 Connoiſſance des Poètes les plus célebres , ou moïen facile de prendre une teinture des humanités, en faveur des perſonnes qui n'ont fait que de legeres études. *Paris*, 1752. 2 *vol. in* 12.

871 Les Œuvres de Plaute, en latin & en franç. par de Limiers. *Amſt.* 1719. 10 *vol. in* 12. *fig. v. f.*

872 Les Comédies de Terence , trad. en franç. par Madame Dacier. *Paris*, 1688. 3 *vol. in*-12.

873 Lucrece , de la Nature des choſes , trad. par des Coutures. *Paris*, 1685. 2 *vol. in*-12.

874 Melchioris de Polignac Anti-Lucretius, ſive de Deo & Natura Libri ix. *Pariſ.* 1747. *in* 8.

875 Les Poéſies de Catulle , de Tibulle & de Properce , trad. par Marolles. *Paris* , 1653. 3 *vol. in* 8.

876 P. Virgilii Maronis Opera. *Amſt. in* 12.

877 Les Eglogues de Virgile , trad. en Vers françois, par Richer. *Paris*, 1736. *in* 8.

878 Les Georgiques de Virgile , trad. eu Vers françois, par Segrais. *Paris* , 1712. *in* 8.

879 L'Enéide de Virgile , trad. par de Segrais. *Amſt.* 1700. 2 *vol. in*-12. *fig.*

880 Q. Horatii Flacci Carmina. *Amſt.* 1725. *in*-12.

881 Œuvres d'Horace , en lat. & en franç. avec des remarq. critiq. & hiſtoriques , par Dacier. *Paris*, 1709. 10 *vol. in*-12.

882 M. Annæus Lucanus de Bello civili. *Lond.* 1750. 3 *vol. in*-12.

883 P. Ovidii Naſonis Opera. *Amſt.* 1701. 3 *vol. in* 16. *m. v.*

884 Les Métamorphoses d'Ovide, en latin & en franç. par Durier. *Bruxelles*, 1677. *in-fol.* g. p. *fig.*

885 Les Métamorphoses d'Ovide en Rondeaux, par Benserade. *Paris*, 1676. *in* 4. g. p. *fig.*

886 Les Epîtres héroïques d'Ovide, trad. en Vers franç. par Mademoiselle Lheritier. *Paris*, 1732. *in*-12.

887 Epîtres & Elégies amoureuses d'Ovide, trad. en Vers franç. par Barrin. *Lond.* 1725. *in*-12.

888 Les Fables de Phedre, trad. en Vers franç. avec le latin à côté, par Denise. *Paris*, 1708. *in* 12. *m. r.*

889 D. J. Juvenalis Satyrarum Libri quinque, ex recognitione Steph. And. Philippe. *Parif.* 1747. *in*-12. *fig.*

890 L'Etna de P. Cornelius Severus, & les Sentences de Publius Syrus, trad. en franç. par Acarias de Serionne. *Paris*, 1736. *in* 12.

891 Catalectes, ou Pieces choisies des Anciens, par Scaliger, trad. par Marolles. *Paris*, 1667. *in* 8.

892 Histoire Maccaronique de Merlin Coccaie, Prototype de Rabelais. *Paris*, 1732. 2 *vol. in* 12.

893 La Callipédie, trad. du Poéme latin de Quillet. *Paris*, 1749. *in* 12.

894 Le Zodiaque de la Vie humaine, trad. de Palingene, par de la Monnerie. *La Haye*, 1731. *in* 12.

895 L'Arcadie de Sannazar, trad. en françois, par M. Pecquet. *Paris*, 1737. *in* 12.

896 Les Epigrammes d'Owen, trad. en Vers françois, par le Brun. *Paris*, 1709. *in* 12. v. f. d. f. t.

897 Poésies de Muret mises en Vers françois,

par Moret. *Paris*, 1682. *in* 12.

898 J. B. Santolii Opera poetica. *Parif.* 1694. 3 1 3

in 12.

899 Ejufdem, Hymni facri & novi. *Parif.* 1698. 3 8

in 12.

900 Ja. Vanierii Prædium rufticum. *Tolofæ* 12 - - 13.

1730. *in*-12. *fig.*

901 Jac. Vanierii Opufcula. *Parif.* 1730. *in* 12 1 3

902 Caro. Franc. de Charleval Simius Carmen

Rhedonis... Du Cerceau Gallinæ Carmen...

Tarillon de Arte Confabulandi Carmen...1

Apologie de l'Equivoque. *in* 12.

903 Aulicus, five Schola induftriæ Carmen. *in* 8.

Manufc.

904 Recueil de Poéfies latines. *Mff. in* 4.

905 Recueil de diverfes Poéfies latines. *in fol.* - - 14

906 Recueil de Pieces, tant imprimées que ma-

nufcrites. *in-fol.*

POETÈS FRANÇOIS.

907 Recueil des plus belles Pieces des Poètes 6. 1.

françois, depuis Villon jufqu'à Benferade. *Pa-*

ris, 1692. 5 *vol. in* 12.

908 Nouveau choix de Pieces de Poéfie. *Nan-* 2 2.

cy, 1715. 2 *vol. in* 8.

909 Recueil des Epigrammatiftes françois, par 4

Bruzen de la Martiniere. *Amfterd.* 1720. 2 *vol.*

in 12.

910 Recueil de Vers choifis du P. Bouhours. 1 2

Paris, 1701. *in* 12.

911 Recueil de Poéfies, tant imprimées que ma- 6

nufcrites. 9 *vol. in* 4.

912 Recueil de diverfes Pieces de Poéfie. *Mff.* - 10

in 8.

913 Recueil de diverfes Pieces de Poéfie. *Mff.* 3 1.

2 *vol. in-fol.*

914 Recueil de Poéfies, tant imprimées que ma-nufcrites. 4 *vol. in* 12.

915 Les Poéfies du Roi de Navarre. *Paris*, 1742. 2 *vol. in* 12. *m. r.*

916 Le Roman de la Rofe, avec des notes & un gloffaire, par l'Abbé Lenglet du Fresnoy. *Paris*, 1735. 3 *vol. in* 12.

917 Œuvres de Fran. Villon ; de Coquillart ; de Jean Marot ; de Guil. Cretin ; de Martial de Paris ; Farce de Pathelin ; Legende de Faifeu ; Œuvres de Racan. *Paris. Coutelier.* 1723. & *fuiv.* 10 *vol. in* 8.

918 Œuvres de Clement Marot, avec les notes de Lenglet du Fresnoy. *La Haye*, 1731. 6 *vol. in* 12.

919 Œuvres poétiques de Melin de S. Gelais. *Paris*, 1719. *in* 12.

920 Les Œuvres poétiques de Philippe Defpor-tes. *Rouen*, 1611. *in* 12.

921 Les Œuvres de Regnier. *Londres*, 1730. *in* 8.

922 Difcours fur la mort de l'Amiral de Coli-gny & de fes Complices, le jour de S. Bar-thelemi, en Vers franç. *Paris*, 1572. *in* 12.

923 Recueil de Pieces de Poéfies, dont Requête de Théophile au Roi. 1624. *in* 8.

924 Les Epîtres en Vers, & autres Œuvres poéti-ques de Bois-Robert-Metel. *Paris*, 1659. *in* 8.

925 Les Poéfies de Gombaúlt. *Paris*, 1646. *in* 4.

926 Les Œuvres poétiques de Defmarets. *Paris*, 1641. *in* 4.

927 Poéfies de Malherbe, avec les Obfervations de Menage. *Paris*, 1666. *in* 8.

928 La Sylvie & autres Œuvres de Mairet. *Pa-ris*, 1633. *in* 8.

929 Vers du Ballet roïal danfé par Sa Majefté au Louvre. *in* 4.

930

930 Les Œuvres de Boileau, avec les notes de l'Abbé Souchay. *Paris*, 1740. 2 *vol. in-*4. 12 10

931 Fables choisies mises en vers, par de la Fontaine. *Paris*, 1715. *in* 12. 1 10

932 Fables de la Motte. *Paris*, 1719. *in* 4. *fig.* 6

933 Diverses Pieces de Poésie mss. de Madame Deshoulieres. *in* 4.

934 Poésies de Madame Deshoulieres. *Paris*, 1707. *in* 8. *m. r.* 2 10

935 Poésies françoises de l'Abbé Regnier Desmarais. *La Haye*, 1716. *in* 12. 1 12

936 Poésies de la Monnoie, avec son éloge, par de Salengre. *La Haye*, 1716. *in* 8. 1 18

937 Recueil des Poésies de Vergier. *Mss. in-fol.* 1 19

938 Poésies du Pere Sanlecque. *Harlem*, 1726. *in* 12. 2 12

939 La Lyre du jeune Apollon, ou la Muse naissante du petit Beauchateau. *Paris*, 1657. *in* 4. 1 6

940 Recueil de Poésies du P. du Cerceau. *Paris*, 1720. *in* 8. 1 10

941 Poésies chrétiennes, héroïques & morales, par l'Abbé Juillard du Jarry. *Par.* 1715. *in* 12. 12

942 Œuvres diverses de Roi. *Paris*, 1727. *in* 8. 1

943 Œuvres diverses du Sr. D***. *Amst.* 1714. 2 *vol. in* 12.

944 Poésies de l'Abbé de Villiers. *Paris*, 1712. *in* 12. *d. f. t.* 2 7

945 Les Œuvres de Rousseau, avec l'Anti-Rousseau de Gacon. *Rotterd.* 1712. 3 *vol. in* 12. 4 4

946 Les mêmes, édit. augm. *Londres*, 1753. 4 *vol. in* 12. 16

947 Le Poète sans fard, ou Discours satyriques, par Gacon. *Paris*, 1696. *in* 12. 1 11

948 Poésies mêlées, par Madame la Comtesse des Plassons. *Cologne*, 1715. *in* 8. 1

949 Poésies de Lainez. *Mss. in* 4.

950 Recueil des Chansons de Coulange. *Paris,*
1698. 2 *vol. in* 12.

951 Œuvres de Grécourt. *Amst.* 1746. 2 *vol.
in* 12.

952 Les mêmes. *Londres,* 4 *vol. in* 12.

953 Œuvres de M. Gresset. *Londres,* 1748.
2 *vol. in* 12.

954 Œuvres de M. de Voltaire. *Amsterd.* 1740.
4. *vol. in* 12. *v. f. fig.*

955 Fables nouvelles, par Pesselier. *Paris,* 1748.
in 8.

956 Recueil de Pieces choisies sur les Conquêtes
& la Convalescence du Roi. *Paris,* 1745.
in 8. *v. f. d. f. t.*

957 Alaric, ou Rome vaincue, par Scudery.
La Haye, 1685. *in* 12. *fig. v. f.*

958 Saint Paulin, par Perrault. *Paris,* 1686.
in 8. *avec des vignettes de le Clerc.*

959 Clovis, ou la France chrétienne, par Des-
marêts. *Paris,* 1657. *in* 4. *fig.*

960 La Pucelle, Poème, par Chapelain. *Paris,*
1657. *in* 12. *fig.*

961 Joseph, ou l'Esclave fidele, Poème. *Breda,*
1705. *in* 12.

962 Le Paradis terrestre, par Madame du Boca-
ge. *Londres,* 1748. *in* 8.

963 La Religion & la Grace, Poèmes, par M.
Racine. *Paris,* 1742. *in* 12.

964 La Henriade, Poème, par M. de Voltaire.
Londres, 1728. *in* 4. *fig.*

965 La même. *Londres,* 1730. *in* 8.

966 La Henriade, travestie. *Berlin,* 1751. *in* 12.

967 Le Poème de Fontenoy, par M. de Voltaire.
Paris, 1745. *in* 4.

968 Le Vice puni, ou Cartouche, Poème, par
Granval. *Anvers,* 1725. *in* 8.

POETES DRAMATIQUES.

969 PRatique du Théâtre , par l'Abbé d'Au- ₃   19
bignac. *Amst.* 1715. 2 *vol. in* 12.

970 De la réformation du Théâtre , par Ricco-
boni. 1743. *in* 12.   ₃   17

971 Recherches sur les Théâtres de France, par
Beaucamps. *Paris* , 1735. 3 *vol. in* 8. ₄

972 Reflexions historiques & critiques , sur les ₁   8
différens Théâtres de l'Europe , par Riccoboni.
Paris , 1738. *in* 8.

973 Essai sur la Comédie moderne. *Paris* , 1752.
in 12.   1   13

974 Le Comédien , par M. Remond de Sainte
Albine. *Paris* , 1747. *in* 8. *g. p.*

975 L'Art du Théâtre , par François Riccoboni.
Paris , 1750. *in* 8.   8   16

976 Histoire du Théâtre italien , par le même.
Paris , 1731. 2 *vol. in* 8.

977 Reflexions & Lettres sur l'Opera. *La Haye* , ₁   1
1741. *in* 12.

978 Mémoires pour servir à l'Histoire des Spec- ₁   19
tacles de la Foire. *Paris* , 1743. 2 *vol. in* 12.

979 Parallele des Italiens & des François , en ce ₁
qui regarde la Musique & les Opera , avec la
défense. *Paris* , 1702 & 1705. 2 *vol. in* 12.

980 Lettres historiques sur la Comédie italienne. ₁   10
Paris , 1717. *in* 12.

981 Théâtre françois , ou Recueil des meilleures ₄   5
Pieces de Théâtre des anciens Auteurs. *Paris* ,
1705 & *suiv.* 8 *vol. in* 12.

982 Théâtre de Quinault. *Holl.* 1663. 2. *vol.* 2   8
in 12.

983 Les Œuvres de Moliere. *Paris* , 1710. 8 *vol.* 11   19
in 12. *d. f. t.* 8

984 Les mêmes. *Paris*, 1753. 8 *vol. in* 12.

985 Observations sur la Comédie & sur le génie de Moliere, par Riccoboni. *Paris*, 1736. *in* 12.

986 Œuvres de Racine. *Amsterd.* 1690. 2 *vol. in* 12. *fig.*

987 Recueil de Dissertations sur plusieurs Tragédies de Corneille & de Racine, par Granet. *Paris*, 1739. 2 *vol. in* 12.

988 Théâtre de Boursault. *Paris*, 1725. 3 *vol. in* 12.

989 Théâtre de Monfleury, Pere & Fils. *Paris*, 1739. 3 *vol. in* 12.

990 Théâtre de Hauteroche. *Paris*, 1736. 3. *vol. in* 12.

991 Les Œuvres de Champmêlé. *Paris*, 1735. 2 *tom. en* 1 *vol. in* 12. *v. f.*

992 Les Œuvres de Pradon. *Paris*, 1688. *in* 12.

993 Les Œuvres de Campistron. *Paris*, 1739. 2 *vol. in* 12.

994 Théâtre de la Thuillerie. *Paris*, 1696. *in* 12.

995 Les Œuvres de Dancourt. *Paris*, 1711. 9 *vol. in* 12.

996 Les Œuvres de Palaprat. *Paris*, 1712. 2 *vol. in* 12.

997 Théâtre de Brueys. *Paris*, 1735. 3 *vol. in* 12.

998 Théâtre de Baron. *Paris*, 1736. 2 *vol. in* 12.

999 Les Œuvres de Regnard. *Paris*, 1731. 5 *vol. in* 12.

1000 Œuvres de la Grange Chancel. *Paris*, 1735. 3 *vol. in* 12.

1001 Les Œuvres de la Fosse. *Paris*, 1719. *in* 12.

1002 Le Théâtre de la Motte. *Paris*, 1730. 2 *vol. in* 8.

1003 Théâtre de Boindin. *Paris*, 1702. *in* 12.

1004 Théâtre de la Font. *Paris*, 1707. *in* 12.
1005 Théâtre de le Grand. *Paris*, 1731. 4 *vol.*
in 12.
1006 Les Œuvres de Poisson. *Paris*, 1723.
2 *tom. en* 1 *vol. in* 12.
1006 * Théâtre de Poisson, Fils. *Paris*, 1731.
in 12.
1007 Théâtre de Danchet. *Paris*, 1706. *in* 12.
1008 Le même. *Paris*, 1751. 4 *vol. in* 8. *m. r.*
1009 Théâtre de le Sage. *Paris*, 1739. 2 *vol.*
in 12.
1010 Œuvres de M. Riviere du Freny. *Paris*,
1731. 6 *vol. in* 12.
1011 Théâtre de M. Guyot de Merville. *Paris*,
1737. 2 *vol. in* 8.
1012 Théâtre de Fagan. *Paris*, 1733. *in* 8.
1013 Théâtre de Piron. *Paris*, 1733. *in* 8.
1014 Théâtre d'Hainaut. 1747. *in* 8.
1015 Théâtre de M. Nivelle de la Chaussé. *Pa-*
ris, 1734. 2 *vol. in* 12.
1016 Œuvres d'Autreau. *Paris*, 1749. 4 *vol.*
in 12.
1017 Œuvres de Crebillon. *Paris*, 1713. *in* 12.
1018 Théâtre de Marivaux. *Paris*, 1712. *in* 12.
1019 Les Œuvres de M. Néricault des Touches.
Paris, 1726. 4 *vol. in* 12.
1020 Œuvres de M. de Saint Foix. *Paris*, 1748.
2 *vol. in* 12.
1021 Le Théâtre de M. de Voltaire. *Paris*, 1719.
& *suiv.* 2 *vol. in* 8. *v. f.*
1022 Le Théâtre de M. Boissy. *Par.* 1745. 3. *vol.*
in 8.
1023 Scapin chez le Procureur. *Comédie mss. in* 4.
1024 Recueil de différentes Pieces réprésentées
dans des Colleges. *in* 4.
1025 Le Théâtre italien de Gherardi. *Paris*,
1717. 6 *vol. in* 12.

1026 Le nouveau Théâtre italien. *Paris*, 1729.
12 *vol. in* 12.

1027 Supplément du nouveau Théâtre italien.
Paris, 1733. 3 *vol. in* 12.

1028 Les Parodies du nouveau Théâtre italien,
avec les Airs notés. *Paris*, 1731. 2 *vol. in* 12.

1029 Recueil de Tragédies & Comédies du Théâtre françois, italien, & Opera comique. 37 *vol.
in* 8 *& in* 12.

1030 Tables alphabetiques des Pieces représentées fur l'ancien Théâtre italien, depuis fon
établiffement jufqu'en 1697. *Paris*, 1750. *in* 8.

1031 Le Théâtre de la Foire, ou l'Opera comique, par le Sage & d'Orneval. *Paris*, 1721.
10 *vol. in* 12. *fig.*

POËTES ITALIENS, ANGLOIS, &c.

1032 LEs Œuvres amoureufes de Petrarque,
trad. en franç. avec l'italien à côté, par Placide Catanufi. *Paris*, 1707. *in* 12.

1033 Il Goffredo, overo Gierufalemme liberata
del Taffo. *Amft. Elzevir*, 1678. 2 *vol. in* 16.

1034 La Jérufalem délivrée, trad. du Taffe par
M. de Mirabaud. *Paris*, 1724. 2 *vol. in* 12.

1035 L'Aminte du Taffe, trad. en Vers franç.
avec l'italien à côté, par de Torches. *Paris*,
1676. *in* 12.

1036 La même, trad. par M. Pecquet. *Paris*,
1734. *in* 12.

1037 Le Paftor fido, trad. en Vers françois avec
l'italien à côté, par de Torches. *Lyon*, 1699.
in 12. *fig.*

1038 Le même, trad. en Profe, par M. Pecquet.
Paris, 1732. *in* 12.

1039 La Philis de Scire, trad. de Bonarelli,

par de Torches. *Paris*, 1669. *in* 12.

1040 Roland l'Amoureux , trad. de Boyardo. *Paris* , 1721. 2 *vol. in* 12. *fig.*

1041 Renaud Amoureux , imité de l'Italien du Taſſe. *Paris* , 1724. *in* 12.

1042 Roland le Furieux. *Paris* , 1720. 2 *vol. in* 12. *fig.*

1043 Le même , trad. par M. de Mirabaud. *La Haye* , 1741. 4 *vol. in* 12.

1044 Adonis , Poëme héroïque , trad. de Marini en Vers françois , par Nicole. *Paris* , 1662. *in* 12.

1045 La Secchia rapita , le Seau enlevé , Poëme trad. du Taſſe , par Perrault. *Paris* , 1678. 2 *vol. in* 12.

1046 Raccolta di Rime italiane. *In Parigi* , 1744. 2 *vol. in* 12.

1047 Les Œuvres de l'Abbé Metaſtaſio , trad. en franç. *Vienne* , 1750. 5 *tom. en* 2 *vol. in* 12.

1048 Le Théâtre anglois , trad. par M. de la Place. *Paris* , 1745 *& ſuiv.* 8 *vol. in* 12.

1049 Lettre ſur le Théâtre anglois. 1752. 2. *vol. in* 12.

1050 Eſſai ſur l'Homme & ſur la Critique , Poëmes trad. de Pope , par M. du Reſnel. *Paris* , 1737. *in* 8.

1051 Le même , trad. par M. de Silhouet 1736. *in* 12.

1052 Œuvres diverſes de Pope. *Amſt.* 1753. *in* 12.

1053 La Boucle de cheveux enlevée , Poëme trad. de Pope. *Paris* , 1728. *in* 12.

1054 Choix de différens morceaux de Poéſies , trad. de l'Anglois , par Trochereau. *Paris* , 1749. *in* 12.

1055 Le Paradis perdu & reconquis , trad. de Milton , par Dupré de S. Maur. *Paris* , 1729. 3 *vol. in* 12.

2 16 1056 Le Théâtre Danois, trad. de Louis Holberg, par Furfman. *Copenhague*, 1746. *in* 8. *fig.*

2 1057 Théâtre efpagnol, par M. du Perron de Caftera. *Paris*, 1738. *in* 12.

6 1058 La Lufiade du Camoens, trad. par M. du Perron de Caftera. *Amft.* 1735. 3 *vol. in* 12. *v.f.*

1 10 1059 Satyres du Prince Cantimir, trad. du Ruffe en françois, par l'Abbé de Guafco. *Londres*, 1750. *in* 12.

1 1060 Poéfies de Haller, trad. de l'Allemad. *Zuric*, 1752. *in* 12.

MYTHOLOGIE & FABLES.

2 : 16 1061 LA Mythologie de Noel le Comte. *Lyon*, 1597. *in* 4.

3 : 2 1062 Explication hiftorique des Fables, par l'Abbé Banier. *Paris*, 1715. 3 *vol. in* 12.

2 : 18 1063 Les Dyonifiaques de Nonnus, ou les Conquêtes de Bacchus aux Indes, trad. par Boitet. *Paris*, 1625. *in* 8.

28 : 17 1064 Le Temple des Mufes, où font repréfentés les événemens les plus remarquables de l'Antiquité fabuleufe, en 60 Tableaux deffinés & gravés par B. Picart. *Amft.* 1749. *in fol. g. p.*

4 : 11 1065 Les Fables de Faerne, trad. en franç. *Paris*, 1699. *in* 12.

1066 Efope en belle humeur. *Brux.* 1700. 2 *vol. in* 12. *fig.*

3 : 19 1067 Fables héroiques, où font renfermées les plus importantes maximes de la Politique & de la Morale. *Amft.* 1720. 2 *vol. in* 12. *fig.*

ROMANS.

ROMANS.

1068 Voïage merveilleux du Prince Fanféré-din, dans la Romancie, par le P. Bougeant. *Paris*, 1735. *in* 12.

1069 La Chryfolite, ou le Secret des Romans, par Maréchal. *Paris*, 1727. *in* 8.

1070 Les Amours de l'Eucipe & Clitophon, trad. du grec d'Achile Tatius, par M. du Perron de Caftera. *Amft.* 1733. *in* 12.

1071 Les Amours de Theagenes & de Chariclée, trad. d'Heliodore. *Paris*, 1727. 2 *vol. in* 12.

1072 Les Amours paftorals de Daphnis & de Chloé. *Paris*, 1709. *in* 12.

1073 Les mêmes, avec les Figures gravées fur les deffeins de M. le Duc d'Orléans. 1718. *in* 8. *d. f. t.* 12.

1074 Les Amours d'Abrocome & d'Anthia, trad. de Xenophon. 1748. *in* 8. *fig.* 1.

1075 Amours d'Alzidor & de Charifée, trad. du grec. *Amft.* 1751. *in* 12.

1076 Le Triomphe de l'amitié, trad. du grec par Mademoif. de Foxe. *Londres*, 1751. *in* 12. *v. f.*

1077 Myfis & Glaucé, Poëme en trois chants, trad. du grec. *Geneve*, 1748. *in* 12.

1078 L'Ane d'or d'Apulée, avec le Demon de Socrate, trad. en franç. avec des remarques. *Paris*, 1707. 2 *vol. in* 12. *fig.*

1079 Recueil de Romans hiftoriques. *Londres*, 1746. 4 *vol. in* 12. 4.

1080 Mahmoud le Gafnevide Hiftoire Orientale, par Melon. *Rotterd.* 1729. *in* 8.

1081 Ibrahim, ou l'illuftre Baffa, par Scuderi. *Paris*, 1723. 4 *vol. in* 12. *fig.* 4.

1082 Artamene, ou le grand Cyrus, par Scudery. *Paris*, 1656. 12. *vol. in* 12. 10

1083 L'Astrée de Durfée, avec la Clef. *Paris*, 1733. 10 *tom. en* 5 *vol. in* 12. *fig.*

1084 La Cleopatre, par de la Calprenede. *Paris*, 1663. 12 *vol. in* 8. 201

1085 Clelie histoire Romaine, par Scudery. *Paris*, 1656. 10 *vol. in* 8. *m. r.* 20:

1086 Cassandre, par de la Calprenede. *Paris*, 1731. 10 *vol. in* 12. 9

1087 Cassandre, par M. de Surgeres. *Paris*, 1752. 3 *vol. in* 12. 3:

1088 L'Histoire du Petit Jehan de Saintré. *Paris*, 1724. 3 *vol. in* 12. 3

1089 Tarsis & Zelie, par le Vayer. *La Haye*, 1720. 6 *tom. en* 3 *vol. in* 12. *fig.*

1090 Amadis des Gaules, par Mademoiselle de Lubert. *Amst.* 1750. 4 *vol. in* 12. *fig.*

1091 Histoire du Chevalier du Soleil. *Londres*, 1749. *in* 12.

1092 Le Caloandre fidele, trad. de l'italien de Marini. *Amst.* 1740. 3 *vol. in* 12.

1093 Histoire du vaillant Chevalier Tiran le Blanc, trad. de l'Espagnol. *Londres*, 1737. 2 *vol. in* 8. 3:

1094 Histoire de Don Quichote, trad. de l'Espagnol de Michel de Cervantes, de Benengeli, & d'Avellaneda, par M. M. de S. Martin & le Sage. *Paris*, 1726. & *suiv.* 14 *vol. in* 12.

1095 Les Belles Grecques, ou l'Histoire des plus fameuses Courtisannes de la Grece, *Paris*, 1713. *in* 12.

1096 Rome amoureuse, ou la Doctrine des Dames & des Courtisanes Romaines. *Amst.* 1690. *in* 12.

1097 Les Imperatrices Romaines, par de Serviez. *Paris*, 1728. 3. *vol. in* 12.

1098 Rome galante, ou Hiſtoire ſecrete ſous les Regnes de Jules Ceſar & d'Auguſte. *Paris*, 1697. *in* 12. — *1··3*

1099 Anecdotes galantes de la Cour de Neron. *Paris*, 1735. *in* 12. — *··14*

1100 Diane de Caſtro, par M. Huet. *Paris*, 1728. *in* 12. — *··24*

1101 Mémoires de la Cour d'Eſpagne, par Madame Daulnoy. *Paris*, 1690. *in* 12. 2. *vol.* — *1··18*

1102 Relation hiſtorique & galante de l'Invaſion d'Eſpagne par les Maures, par Baudot de Juilly. *La Haye*, 1699. *in* 12.

1103 Hiſtoire ſecrete de la conquête de Grenade, par Madame de Gomez. *Paris*, 1719. *in* 12. — *2··8*

1104 Mémoires de Gaudence de Luques, Priſonnier de l'Inquiſition, augm. par M. Dupuy. *Amſt.* 1753. 4 *tom. en* 2 *vol. in* 12. *fig.* — *3··19*

1105 Les Galanteries des Rois de France, par Sauval. *Cologne*, 3 *vol. in* 12. — *3··*

1106 Anecdotes de Philippe Auguſte, par Mademoiſelle de Luſſan. *Paris*, 1733. 6 *vol. in* 12. — *10··4*

1107 Anecdotes de la Cour de Childeric. *Paris*, 1736. 2 *tom. en un vol. in* 12. — *1··8*

1108 Gaſton de Foix, nouvelle hiſtorique, galante & tragique. *Conſtantinople*, 1741. 2 *vol. in* 12. — *2··12*

1109 Diane de France, nouvelle hiſtorique. *Holl.* 1675. *in* 12. — *1···*

1110 Hiſtoire de Marguerite de Valois, Reine de Navarre, par Mademoiſelle de la Force. *Paris*, 1720. 4 *vol. in* 12. — *3··17*

1111 Anecdotes de la Cour de François I, par Mademoiſelle de Luſſan. *Londres*, 1748 3 *vol. in* 12. — *4··1*

1112 Intrigues amoureuſes de François I, ou Hiſt. tragique de la Comteſſe de Chateaubriand. ... Entretiens de Louis XI & de Charles le Hardi, — *2··8*

Duc de Bourgogne... L'ombre de Charles V,
Duc de Lorraine. *Cologne*, 1693. *in* 12.

1113 Hiftoire de Jean de Bourbon, Prince de Ca-
rency, par Madame Daulnoy. *Paris*, 1729. 2
vol. in 12.

1114 Hiftoire fecrete du Connétable de Bourbon,
par Baudot Juilli. *Paris*, 1700. *in* 12.

1115 Les Amours de Henri IV Roi de France, avec
fes Lettres galantes, & les Réponfes de fes Maî-
treffes. *Cologne*, 1695. *in* 12.

1116 Les Apparences trompeufes, ou les Amours
du Duc de Nemours & de la Marquife de
Poyanne. 1715. *in* 12.

1117 Les Amours de Madame d'Elbœuf, conte-
nant plufieurs Anecdotes du Cardinal de Riche-
lieu. *Amft.* 1739. *in* 12.

1118 Les Amours d'Anne d'Autriche. *Cologne*,
1696. *in* 12.

1118 * L'Hiftoire & les Amours du Duc de Guife,
furnommé le Balafré. *Paris*, 1695. *in* 12.

1119 Hiftoire amoureufe des Gaules, par le
Comte de Buffy Rabutin. *Cologne*, 1740. 4 *vol.*
en 12.

1120 Les Intrigues galantes de la Cour de S. Ger-
main... Les Conquêtes amoureufes des Païs-bas.
Cologne, 1684. *in* 12.

1121 Hiftoire des Amours du Maréchal Duc de
Luxembourg. *Cologne*, 1695. *in* 12.

1122 L'Efprit de Luxembourg *Cologne*, 1694...
Le Maréchal de Luxembourg, au Lit de la Mort.
in 12.

1123 Les Intrigues amoureufes de la Cour de Fran-
ce. *Cologne*, 1685... Traité agréable & curieux
de la Nobleffe & excellence du fexe de la Fem-
me par-deffus celui de l'Homme, trad. d'Agrip-
pa. *La Haye*, 1686... Les entretiens de Tartufe

& de Rabelais sur les Femmes, par Dailhierre
Middelbourg. 1688... Le Langage muet, ou l'Art
de faire l'Amour sans parler, sans écrire & sans
se voir. *Middelbourg*, 1688. *in* 12.

1124 Histoire du Maréchal Duc de la Feuillade :
Nouvelle galante & historique. 1713. *in* 12.

1125 Anecdotes galantes, ou Histoire secrete de
Catherine de Bourbon Duchesse de Bar. *Nancy*,
1703. *in* 12.

1126 Mémoires de la Cour de France pour les
Années 1688 & 1689, par Madame de la
Fayette. *Amst.* 1731. *in* 12.

1127 Mémoires du Chevallier de Ravannes. *Lond.*
1751. 3 *vol. in* 12.

1128 L'Atlantis de Madame de Manley, conte-
nant les Intrigues amoureuses de la Noblesse
d'Angleterre. *Londres*, 1714. 3 *vol. in* 12.

1129 Perkin, faux Duc d'Yorck : Nouvelle his-
torique par la Paix de Lizancour. *Paris*, 1732.
in 12.

1130 Anecdotes de la Cour d'Angleterrre, par
Madame Daulnoy. *Amst.* 1727. 2 *vol. in* 12.

1131 Marie d'Angleterre Reine Duchesse, par
Mademoiselle de Lussan. *Amst.* 1749. *in* 12.

1132 Histoire de Madame Henriette d'Angleterre,
par Madame de la Fayette. *Amst.* 1720. *in* 12.

1133 Henry Duc des Vandales. *Paris*, 1714. *in*
12. *fig.*

1134 Histoire de Demetrius, Czar de Moscovie.
Paris, 1717. *in* 12. *fig.*

1135 La Saxe galante *Amst.* 1734. *in* 12.

1136 Anecdotes, ou Histoire secrete de la Mai-
son Ottomane. *Amst.* 1740. 2 *vol. in* 12.

1137 Zaïde, Hist. Espagnole par de Segrais, avec
un Traité de l'origine des Romans, par Huet.
Paris, 1719. 2 *vol. in* 12.

1 . . 10 1138 Histoire de la Princesse de Cleves. *Paris,* 1704. *in* 12.

1 . . 4 1139 Le Comte de Warwick, par Madame Daulnoy. *Paris,* 1729. *in* 12.

2 . . 16 1140 Les Nouvelles françoises, ou les Divertissemens de la Princesse Aurelie, par M. de Segrais. *La Haye,* 1742. 2 *vol. in* 12.

1 . . 10 1141 La Vie de Pedrille del Campo. *Paris,* 1718. *in* 12. *fig. m. r.*

4 . . 10 1142 La Vie de Guzman d'Alfarache. *Paris,* 1733. 3 *vol. in* 12. *fig.*

1 . . 11 . 1143 Histoire d'Estevanille Gonzalez, surnommé le Garçon de bonne humeur, par le Sage. *Par.* 1734. *in* 12.

6 . . 1144 Histoire de Gilblas de Santillane, par le même. *Paris,* 1735. 4 *vol. in* 12. *fig.*

1 . . 4 . 1145 Le Bachelier de Salamanque, par le même. *Paris,* 1736. *in* 12. *fig.*

1 . . 7 . 1146 Le Diable Boiteux, par le même. *Paris,* 1707. *in* 12.

2 . . 14 1147 Avantures du Chevalier de Beauchêne, Capit. des Flibustiers, par le même. *Paris,* 1732. 2 *vol. in* 12. *fig.*

6 . . — 1148 Histoire de Dom Ranucio d'Alétez, avec la Clef. *Venise,* 1738. 2 *vol. in* 12. *fig.*

2 . . 9 1149 Anecdotes Persanes, par M. de Gomez. *Paris,* 1727. 2 *vol. in* 12.

2 . . 7 . 1150 Crementine Reine de Sanga, par la même. *Paris,* 1727. 2 *vol. in* 12. *fig.*

3 . 19 1151 La Jeune Alcidiane, par la même. *Paris,* 1732. 3 *vol. in* 12.

2 . . 4 . 1152 Histoire d'Osman, par la même. *Paris,* 1734. *in* 12.

9 . . 1 1153 Les Journées amusantes, par la même. *Paris,* 1737. 8 *vol. in* 12.

30 . . 1154 Les Cent Nouvelles, nouvelles, par la même.

Paris, 1735. 36 parties en 18 vol. in 12.

1155 Soirées du Bois de Boulogne, ou Nouvelles françoises & angloises, par l'Abbé Dalinval. La Haye, 1754. 2 vol. in 12.

1156 Mémoires & Avantures d'un Homme de qualité, par M. Prévost. Paris, 1732. 8. tom. en 4. vol. in 12.

1157 Le Philosophe anglois, ou Histoire de Cleveland, par le même. Paris, 1731. 8 vol. in 12.

1158 Le Doïen de Killerine, par le même. Paris, 1735. 6 tom. en 3 vol. in 12.

1159 Histoire de Marguerite d'Anjou, par le même. Amst. 1740. 2 vol. in 12.

1160 Histoire de la Jeunesse du Commandeur D** par le même. Amst. 1741. in 12.

1161 Histoire d'une Grecque moderne, par le même. Amst. 1740. in 12.

1162 Campagnes Philosophiques, ou Mémoires de M. de Montcal, par le même. Amst. 1741. 2 vol. in 12.

1163 Pamela, ou la Vertu récompensée. Londres, 1742. 2 vol. in 12. v. f.

1164 Anti Pamela. Londres, 1742. in 12.

1165 Les Avantures de Joseph Andrews, trad. de Fielding. Londres, 1743. 2 vol. in 12.

1166 Lettres angloises, ou Histoire de Miss Clarisse, trad. de l'Anglois, par M. l'Abbé Prévost. Londres, 1751. 6 vol. in 12.

1167 Histoire de Tom Jones, ou l'Enfant trouvé, trad. de l'Anglois, par M. de la Place. Londres, 1750. 4 vol. in 12. fig.

1168 L'Orpheline Angloise, par le même. Lond. 1751. 2 vol. in 12.

1169 Mémoires de Cécile, par le même. Paris, 1751. 2 vol. in 12.

1170 Le Procès sans fin, ou l'Histoire de John

Bull, par Swift. *Londres*, 1753. *in* 12.

1 .. 3. 1171 La Vie & les Avantures du petit Pompée, Hist. crit. trad. de l'Ang. par M. Toussaint. *Londres*, 1752. *in* 12.

1 .. 13. 1172 Histoire des Passions, ou Avantures du Chevalier Shroop, trad. de l'Anglois, par le même. *La Haye*, 1751. 2 *tom. en un vol. in* 12.

2 .. 10 1173 Le Véritable Ami, ou la Vie de David Simple, trad. de l'Anglois. *Amst.* 1749. *in* 12.

4 .. 3. 1174 Histoire & Avantures de Wiliams Pickle. *Amst.* 1753. 4 *vol. in* 12.

3 . 4 { 1175 Les Avantures de la belle Grecque, trad. de l'Anglois de Milord Guinée. *Paris*, 1742. *in* 12.

1176 Les Voïages de Cyrus, avec un Discours sur la Mythologie, par Ramsay. *Paris*, 1727. 2 *vol. in* 8.

1 .. 8. 1177 Le Repos de Cyrus. *Paris*, 1732. *in* 8. *fig. v. f.*

2 .. 9. 1178 Les Avantures d'Euphormion. *Anvers*, 1711. 3 *vol. in* 12.

1 .. 19. 1179 Argenis, Roman héroïque, *Paris*, 1728. 2 *vol. in* 12.

2 .. 10 1180 Les Amours de Tibulle, par de la Chapelle. *Paris*, 1719. 3 *vol. in* 12. *fig.*

1 .. - { 1181 Le Caractere de la Princesse Reine Silviane. *Manusc. in* 8. *m. r.*

1182 Le Roman Espagnol, ou nouvelle Traduction de la Diane, par Montemayor. *Paris*, 1735. *in* 12.

2 .. 4. 1183 Les Amours d'une belle Angloise, ou la Vie & les Avantures de la jeune Olinde. *Cologne*, 1695. *in* 12.

4 .. 19 1184 Avantures de Dassoucy, avec sa Prison. *Paris*, 1677. *in* 12.

{ 1185 Les Amans heureux, Histoire galante. *Amst.* 1695. *in* 12.

1186 Les Avantures de la Madona , par Renould. 2 · - 11.
Amſt. 1701. in 8. fig.

1187 La vraie Hiſtoire comique de Francion , par 2 · · 2 .
de Moulinet. Leyde , 1721. 2 vol. in 12. fig.

1188 Le Comte de Tiliedate. Paris , 1703. in 12. 1 - - -
maroq. r.

1189 Hiſtoire de la Princeſſe de Portien. Paris , - - 10
1703. in 12.

1190 Hiſtoire de la Dragone , contenant les 1 - - 10
Actions militaires & les Avantures de Génevieve
Prémoy , ſous le nom du Chevalier Balthazar.
Paris , 1703. in 12.

1191 Mémoires pour ſervir à l'Hiſtoire du Mar- 1 - · 11.
quis de Freſne. Holl. 1702. in 12.

1192 Mémoires de Madame de Freſne. Amſterd. 1 - · 3.
1702. in 12. fig.

1193 Les Avantures galantes du Chevalier de 1 · · 10.
Themicour. Paris , 1701. in 12.

1194 Mémoires de Madame du Noyer. Cologne , 3 - · 7.
1710. 6 vol. in 12.

1195 Le Prince infortuné , ou l'Hiſtoire du Che- - · 19.
valier de Rohan. Amſt. 1713. in 12.

1196 Avantures choiſies. Paris , 1714. in 12. 1 - - 3.

1197 Voïage & Avantures des trois Princes de 1 - - 7.
Sarendip. Paris , 1719. in 12.

1198 L'Infortuné Napolitain , ou les Avantures de 2 - - 3 .
Rozelli. Amſt. 1719. 2 vol. in 12. fig.

1199 L'Illuſtre malheureuſe , ou la Comteſſe de 1 - - 1.
Janiſſanta. Amſt. 1730. in 12.

1200 Evandre & Fulvie , Hiſtoire tragique. Par. 2 - - 17.
1728. in 12.

1201 Le Géomiler , par de Villars. Paris , 1729. 1 - · 8.
in 12.

1202 Le Solitaire Anglois , ou les Avantures de 1 - - 11.
Philippe Quarll , par Dorrington. Paris , 1729.
in 12.

L

1203 Sapor Roi de Perſe, par du Perret. *Paris,* 1730. 5 *vol. in* 12.

1204 Les Avantures de l'infortuné Florentin, ou l'Hiſtoire de Marco Mario Brufalini. *Amſterd.* 1730. 2 *vol. in* 12. *fig.*

1205 Hiſtoire de Dona Rufine, dite la Courtiſane de Seville. *Amſt.* 1731. 2 *vol. in* 12.

1206 Hiacynte, ou le Marquis de Celtas Dirorge. *Amſt.* 1731. 2 *vol. in* 12.

1207 Les Illuſtres françoiſes. *La Haye,* 1731. 3 *vol. in* 12. *fig.*

1208 Hiſtoire d'Emilie, ou les Amours de Mademoiſelle D.. par Madame Meheuſt. *Paris,* 1732. *in* 12.

1209 Hiſtoire du Marquis de Clemes & du Chev. de Pervanes. *Paris,* 1716. *in* 12. *m. r.*

1210 Les Avantures de * * *, ou les Effets ſurprenans de la Sympathie, par M. Marivaux. *Paris,* 1713. 5 *vol. in* 12.

1211 La Voiture embourbée, par le même. *Paris,* 1714. *in* 12.

1212 La Vie de Marianne, par le même. *Paris,* 1734. 11 *Part. en* 3 *vol. in* 12.

1213 Le Païſan parvenu, ou les Mémoires de M... par le même. *Paris,* 1734. 5 *part. en un vol. in* 12.

1214 Sethos, par l'Abbé Teraſſon. *Paris,* 1731. 3 *vol. in* 12.

1215 Mémoires de Madame de Barneveldt, par Guyot des Fontaines. *Amſt.* 1732. 2 *tom. en un vol. in* 12.

1216 Funeſtine, par M. de Beauchamps. *in* 12.

1217 Avantures de Clamadés & de Clarmonde. *Paris,* 1733. *in* 12.

1218 Les Avantures de Zelim & de Damaſine. *La Haye,* 1735. *in* 12.

1219 Mémoires de Mademoiselle de Mainville, ou le Feint Chevalier, par M. Dargens. *La Haye*, 1736. *in* 12.

1220 Mémoires du Marquis de Mirmont, ou le Solitaire Philosophe, par le même. *Amst.* 1736. *in* 12.

1221 Mémoires de la Comtesse de Mirol, par le même. 1736. *in* 12.

1222 Amusement des Eaux de Spa. *Amst.* 1735. 2 *vol. in* 12. *fig.*

1223 Amusemens des Eaux d'Aix-la-Chapelle. *Amst.* 1736. 3 *vol. in* 12. *fig.*

1224 Amusemens des Eaux de Schwalsbach, des Bains de Wisbaden & de Schlangenbad, avec fig. *Liege*, 1738. *in* 8.

1225 Amusemens des Bains de Bade en Suisse. *Londres*, 1739. *in* 12. *fig.*

1226 Mémoires & Avantures de P.... *Paris*, 1736. *in* 12.

1227 La conformité des Destinées, par M. de S. Hyacinthe. *Paris*, 1736. *in* 12.

1228 Anecdotes historiques, galantes & litteraires du tems present. *La Haye*, 1737. *in* 12.

1229 Les Amazones révoltées, Roman moderne. *Rotterd.* 1730. *in* 12.

1230 Mémoires du Comte de Comminville. *Par.* 1735. *in* 12.

1231 Mémoires de Mademoiselle Bontemps, ou de la Comtesse de Marlou, par M. Gueullette. *Amst.* 1738. *in* 12.

1232 Les Mémoires du Chevalier de T *** *La Haye*, 1738. *in* 12.

1233 Le Siége de Calais. *La Haye*, 1739. *in* 12.

1234 Les Malheurs de l'Amour. *Amsterdam*, 1747. *in* 12.

1235 Les Egaremens du cœur & de l'esprit, par

M. de Crebillon fils. *Paris*, 1736. 3 *part.* en un *vol. in* 12.

2 · · 8 · 1236 Histoire de Mademoiselle de Salens, par Madame de Lintot. *La Haye*, 1740. 2 *vol. in* 12.

· · 14 1237 Mémoires de la Comtesse de Linska, par Milon de Lavalle. *Paris*, 1739. *in* 12.

2 · · 14 · 1238 Les Romans de Boursault, cont. Artemise & Poliante; le Marquis de Chavigny; ne pas croire ce qu'on voit, & le Prince de Condé. *Paris*, 1739. 2 *vol. in* 12.

1 · · 11 · 1239 Le Gage touché, Histoires galantes & comiques. *Paris*, 1730. *in* 12. *fig.*

1 · · 17 · 1240 Mémoires & Avantures du Comte de Kermalec. *La Haye*, 1740. 2 *vol: in* 12.

1 · · · · 1241 Arboflede, Hist. Angloise. *La Haye*, 1741. *in* 12.

1 · · 9 · 1242 Les Amours traversés. *La Haye*, 1741. *in* 12.

1 · · 11 · 1243 Histoire des Amours de Valerie, & de Barbarigo, par M. de Bibiena. *Lauzanne*, 1741. *in* 12.

1 · · 18 · 1244 Histoire de Madame de Luz, par M. Duclos. *La Haye*, 1741. *in* 12.

1 · · 16 1245 Les Confessions du Comte D***, par le même. *Amst.* 1740. *in* 12.

1 · · · · 1246 Histoire du Cœur humain, ou Mémoires du Marquis D***. *La Haye*, 1743. *in* 12.

3 · · 7 · 1247 Mémoires Turcs, avec l'Histoire galante de leur séjour en France. *La Haye*, 1743. 3 *part.* en un *vol. in* 12.

1 · · 4 · 1248 Momus françois, ou les Avantures divertissantes du Duc de Roquelaure. *Cologne*, 1746. *in* 12.

1 · · 2 1249 Mémoires de la Comtesse de ***, écrits par elle-même. *La Haye*, 1744. *in* 12.

1250 Le Guerrier Philosophe , ou Mémoires du
Duc D***, par M. Jordan. *La Haye* , 1744.
2 *vol. in* 12.

1251 Les Confidences réciproques. *Bergo - op -*
Zoom. 1747. 2 *vol. in* 12.

1252 Le Siecle , ou les Mémoires du Comte de
Solinville. *La Haye* , 1741. *in* 12.

1253 Fanfiche , ou les Mémoires de Mademoifelle
D***. *Peine* , 1748. *in* 12.

1254 La Poupée , par M. de Bibiena. *La Haye* ,
1747. *in* 12.

1255 Hypparchia , Hiftoire grec. 1748. *in* 12.

1256 Erotée , Hiftoire tragique & amoureufe , par
Bogliano. *La Haye* , 1748. *in* 12.

1257 Les Epoux réunis , ou le Miffionnaire du
tems. *Bergo-op-Zoom* , 1748. *in* 12.

1258 Mémoires de M. de Poligny. *La Haye* , 1749.
2 *tom. en un vol. in* 12.

1259 Mirza-nadir , ou Mémoires & Avantures du
Marquis de S. T... *La Haye* , 1749. 4 *tom. en*
2 *vol. in* 12.

1260 Hiftoire des Princeffes de Bohême. *La Haye* ,
1749. 2 *tom. en un vol. in* 12.

1261 Hiftoire d'une Femme de qualité. *La Haye* ,
1749. *in* 12.

1262 Hiftoire de Favoride. *Geneve* , 1750. *in* 12.

1263 Kara Muftapha , & Bafchlavi. *Amfterdam* ,
1750. *in* 12.

1264 Hiftoire d'un Gentilhomme Ecoffois. *La*
Haye , 1750. *in* 12.

1265 Le Mafque de fer , ou les Avantures du
Pere & du Fils. *La Haye* , 1750. *in* 12.

1266 Le Mafque , ou Avantures du Chevalier
de ***. *Amft.* 1750. *in* 12.

1267 Mémoires & Avantures d'un Bourgeois qui
s'eft avancé dans le monde , par M. Digard. *La*
Haye , 1750. 2 *vol. in* 12.

1 . . 9 1268 Bok & Zulba, Histoire allegorique. 2 tom. en un vol. in 12.

2 . . 10 1269 Mémoires de Versorand. *Amst.* 1751. 2 vol. in 12.

1 . . . 1270 Les Heureux événemens, ou les Généreux Avanturiers. *Amst.* 1751. in 12.

1 . . 11 1271 Histoire de la Princesse de Mont-Ferrat, par M. Deslandes. *Londres*, 1749. in 12.

1272 La Fortune, Histoire critique, par le même. 1751. in 12.

1 . . 1273 Roman Oriental. *Paris*, 1753. in 12.

1274 Historiettes divertissantes, tirées de Guichardin, & d'autres Auteurs, par Pompe. *Paris*, 1693. in 12.

2 . . 19 1275 Les Sonnettes, ou Mémoire du Marquis D***. *Utrecht*, 1749. in 12.

1 . . 7. 1276 Le Diable babillard ou indiscret. *Cologne*, 1711. in 12.

3 . . 1. 1277 Silvie. *Londres*, 1743. in 8. *fig.*

1 . . 11. 1278 L'Heureux Esclave. *Colog.* 1680. in 12. *fig.*

1 . . 9. 1279 Le Code de Cythere. *Erotop.* 1746. in 12.

1 . . 8. 1280 Nouvelles Espagnoles, par Madame Daulnoy. *Paris*, 1692. 2 vol. in 12.

1 . . 9. 1281 La Princesse des Pretintailles … l'Inconstance punie … La Discorde au fers, ou le Bonheur de l'Espagne … Les Colinettes, nouvelles. *Paris*, 1702. in 12.

. . . 10 1282 Le Nouveliste Aërien, ou le Silphe amoureux. *Amst.* 1734. in 12.

1 . . 9. 1283 L'Amour en Campagne, ou les Cœurs bombardés. *Liege*, 1696. in 12.

19 . . 1284 14 *Vol. in* 4. *in* 8. & *in* 12. *de la Bibliotheque Bleue.* 9 .

2 . 9. 1285 Le Coureur de Nuit, ou Les Avantures de de Dom Diego. *Paris*, 1731. in 12.

1286 Les Désesperés, Histoire héroïque, trad.

de Marini. *Paris*, 1732. *in* 12. *fig.*

1287 Hiftoriettes galantes. *Holl. in* 12.

1288 Zeczeczeb Anecdotes indoftanes. *La Haye*, 2 - - 10
1751. 4 *tom. en un vol. in* 12.

1289 Les vrais Plaifirs, ou les Amours de Venus
& d'Adonis. *Paphos*, 1748. *in* 12.
1290 L'Amour en fureur, ou les excès de la ja-   1 - - 6.
loufie Italienne. *La Haye*, 1742. *in* 12.

1291 Le Roman bourgeois, par Furetiere. *Nan-*   1 - - 3.
cy, 1713. *in* 12. *fig.*

1292 La Promenade de Verfailles, ou entretiens   1 - - -
de fix Coquettes. *La Haye*, 1737. *in* 12.

1293 Le Triomphe de la Deefse Monas. *Amft.*   2 - - 11.
1698. *in* 12.

1294 Avantures de Londres. *Amft.* 1751. *in* 12.   1 - - 1 -

1295 Pfaphion, ou la Courtifane de Smyrne.
Londres, 1748. *in* 12.   1 - - 9.
1296 Deux Livres de Philofophie fabuleufe, par
Pierre de la Rivey. *Paris*, 1581. *in* 16.

1297 Semelion, hiftoire véritable. *Conftantino-*
ple, *in* 12.

1298 Les Libertins en campagne. 1710. *in* 12.
1299 Les Soupers de Daphné, ou les Dortoirs   2 - - 6.
de Lacedemone. 1740. *in* 12.

1300 Nouvelles de Michel de Cervantes. *Amft.*   2 - - 6.
1731. 2 *vol. in* 12.

1301 Dona Uraca, Reine de Caftille & de Leon.
La Haye, 1750. *in* 12.   1 - - 9
1302 Hiftoire de la Felicité, par M. l'Abbé de
Voefnon. *Amft.* 1751. *in* 12.

1303 Hiftoire & Amours de Gogo. *Tunis*, 1752.   1 - - 11.
in 12.

1304 L'Apotheofe du beau Sexe. *Lond.* 1741. *in* 12.   1 - - 10

1305 Avantures de Bella, par M. le M. Dar-
gens. *La Haye*, 1751. *in* 12.   1 - - 19
1306 Hiftoire de Mademoif. Dattilly. *La Haye*,
1745. *in* 12.

9 - 19 1307 Amusemens de la Campagne ; par le Noble. *Paris*, 1749. 7 *vol. in* 12.

1308 Le Bal de Venise , Nouvelle historique. *Avignon*, 1751. *in* 12.

2 - 9 1309 Celise, ou l'Amante fidele. *Paris* , 1713. *in* 12.

CONTES, NOUVELLES, & CONTES DES FÉES.

7 - 10 1310 Contes de Boccace , de Marguerite de Vallois, & Cent nouvelles nouvelles. *Amst.* 1733. 6 *vol. in* 12.

4 - 1 1311 Les Contes de Pogge , avec des reflexions. *Amst.* 1712. *in* 12.

3 - 10 1312 Les Contes, ou les nouvelles recréations & joïeux Devis de Bonnaventure Desperiers , avec des Notes historiques & critiques de la Monnoye. *Amst.* 1735. 3 *vol. in* 12.

4 - 12 1313 Les Contes & Discours d'Eutrapel , par Noel du Fail de la Herrissaye , avec les Propos rustiques. 1732. 3 *vol. in* 12.

4 - 1314 Les Facetieuses nuits de Straparole , trad. de l'italien par de Larrivey. *Amst.* 1725. 3 *vol. in* 12.

3 - 7 1315 Les Contes de d'Ouville. *Amst.* 1732. 2 *vol. in* 12.

4 - 19 1316 Contes à rire. *Col.* 1722. 2 *vol. in* 12. *fig.*

1 - 16 1317 Les Ecosseuses ou les Œufs de Pâques. *Troyes*, 1739. *in* 12.

1 - 4 1318 Les Etrennes de la S. Jean, par ces Messieurs. *Troyes*, 1738. *in* 12.

3 - 1 1319 Les mêmes, édit. augm. *Troyes*, 1742. *in* 12.

2 - 9 1320 Recueil de ces Messieurs. *Amst.* 1745. *in* 12.

7 - 19 1321 Recueil de ces Dames. *Brux.* 1745. *in* 12.

3 - 2 1322 Le Pot-pourri , Ouvrage de ces Dames &

de

de ces Meſſieurs. *Amſt.* 1748. *in* 12.

1323 Mémoires de l'Academie des Colporteurs, par ces Meſſieurs. 1748. *in* 12. *fig.*

1324 Le Voïage de S. Cloud par Mer & par Terre, avec le retour. *La Haye*, 1748. *in* 12.

1325 Voïage de Cleville. *Londres*, 1750. *in* 12.

1326 Les Contes des Fées, par M. Daulnoy. *Paris*, 1725. 4 *vol. in* 12.

1327 Contes de Perrault. *Paris*, 1724. . . . . Contes moins Contes que les autres Contes, ſans Parangon & la Reine des Fées. *Paris*, 1724. *in* 12.

1328 Les nouveaux Contes des Fées, par Madame de Murat. *Paris*, 1724. *in* 12.

1329 Les Fées, Contes des Contes, par Mademoiſelle de la Force. *Paris*, 1725. *in* 12.

1330 Trois nouveaux Contes des Fées, par M^de. de Laintot, avec une Préface qui n'eſt pas moins ſérieuſe, par l'Abbé Prevoſt. *Paris*, 1735. *in* 12.

1331 Les Mille & une Nuit, Contes Arabes, par Galland. *Paris*, 1726. 6 *vol. in* 12.

1332 Les Mille & un Jour, Contes Perſans trad. en françois, par Petis de la Croix. *Paris*, 1729. 5 *vol. in* 12.

1333 Les Mille & une Heure, Contes peruviens. *Paris*, 1734. 2 *vol. in* 12. *fig.*

1334 La Tour tenébreuſe & les Jours lumineux, Contes Anglois par Mademoiſelle l'Heritier. *Paris*, 1705. *in* 12.

1335 Les Mille & un quart d'heure, Contes Tartares, par M. Gueulette. *Paris*, 1730. 3 *vol. in* 12. *fig.*

1336 Les Sultanes de Guzarate, ou les Songes des Hommes éveillés, Contes Mogols, par le même. *Paris*, 1732. 3 *vol. in* 12.

M

1337 Œuvres d'Antoine Hamilton , contenant les Mémoires de Grammont , le Belier , les quatre Facardins , Fleur d'épine , Contes & les Œuvres mêlées. *La Haye & Paris,* 4 *vol. in* 12.

1338 Le Prince des Aigues marines , & le Prince invisible Contes. *Paris,* 1723. *in* 12.

1339 Les Voïages de Zulma dans les Païs des Fées. *Paris,* 1734. *in* 12.

1340 Histoire du Prince Titi , par S. Hyacinthe. *Paris,* 1736. 3 *vol. in* 12.

1341 Les Ames rivales , par M. de Montcrif... Le Temple de Gnide , par M. de Montesquieu. *Londres,* 1738. *in* 12.

1342 La Jeune Amériquaine & les Contes marins. *La Haye,* 1740. *in* 12.

1343 Histoire du Prince Soly & de la Princesse Felée , par M. Pajot. *Amst.* 1740. *in* 12.

1344 Féeries nouvelle. *La Haye,* 1741. 2 *vol. in* 12.

1345 Contes orientaux , avec fig. *La Haye,* 1743. 2 *vol. in* 12.

1346 Tanzaï & Néadarnée Histoire japonoise , par M. Crebillon Fils. *Pekin,* 1734. 2 *vol. in* 12.

1347 Le Sopha , Conte moral , par le même. 1742. 2 *vol. in* 12.

1348 Angola , Histoire indienne , par M. le Chevalier de la Morliere. *Agra,* 1749. 2 *vol. in* 12.

1349 Le Prince Glacé & la Princesse Etincelante , Conte. *La Haye,* 1743. *in* 12.

1350 La Princesse Lionnette & le Prince Coquerico , par Mademoiselle de Lubert. *La Haye,* 1743. *in* 12.

1351 La Princesse Sensible & le Prince Typhon , Conte. *La Haye,* 1743... La Princesse Camion , Conte. *La Haye,* 1743. *in* 12.

1352 Acajou & Zirphile Conte, par M. Duclos.
Paris, 1744. *in* 12.

1353 Avantures d'Abdala Fils d'Hanif. *Paris*,
1745. *in* 12. *fig.*

1354 Le Sultan Misapouf & la Princesse Grise-
mine. *Londres*, 1746. *in* 12.

1355 Les Amusemens des Fées. *Neufch.* 1748.
in 12.

1356 Grigri Histoire véritable, par M. de Cahu-
zac 1749. *in* 12.

1357 Le Miroir ou Histoire de Griguenodine.
Venise, 1749. *in* 12.

1358 Kanor, Conte trad. Sauvage, par Mada-
me D***. *Amst.* 1750. *in* 12.

1359 Mirza & Fatmé, Conte Indien. *La Haye*,
1754. *in* 12.

1360 La Patte du Chat, Conte Zinzimois. *Til-
loobalaa*, 1741. *in* 12.

PHILOLOGUES & CRITIQUES.

1361 DE la maniere d'enseigner & d'étudier les
Belles-Lettres avec le Supplément, par M. Rol-
lin. *Paris*, 1730. 5 *vol. in* 12.

1362 Reflexions sur la Critique, par de la Motte.
Paris, 1715. *in* 12.

1363 Reflexions critiques sur la Poésie & sur la
Peinture, par l'Abbé Dubos. *Paris*, 1733.
3 *vol. in* 12.

1364 Essai historique & philosophique sur le
Goût, par Cartaud de la Villate. *Amst.* 1736.
in 12. *v. f.*

1365 Essais sur la nécessité & les moïens de plai-
re, par M. de Montcrif. *Paris*, 1738. *in* 8. *v. f.*

1366 Critique des avantures de Telemaque. *Co-
logne*, 1700. *in* 12. *v. f.*

1367 Conversations de l'Académie, de l'Abbé d
Bourdelot, par le Gallois. *Paris*, 1675. *in* 12

1368 Le Chef-d'œuvre d'un Inconnu, par de Ste
Hyacinthe. *La Haye*, 1714. *in* 12.

1369 Petrone trad. en franç. par Nodot. *Colo*
1694. 2 *vol. in* 8.

1370 Les Cesars de l'Empereur Julien, par Span
heim. *Paris*, 1683. *in* 4. *m. r.*

1370 * L'Eloge de la Folie, par Erasme, trad. p
Gueudeville, *Amst.* 1731. *in* 12. *fig.*

1371 L'Eléve de Terpsicore, ou le Nourisson de
Satyre, par M. de Boissi. *Amst.* 1718. *in* 12

1372 Conte du Tonneau, contenant tout ce qu
les Arts & les Sciences ont de plus sublime
de plus mysterieux, trad. de l'Anglois, d
Swift. *La Haye*, 1721. 2 *vol. in* 12.

1373 Traité des Dissentions, entre le Noble
le Peuple, trad. du même. 1733. *in* 12.

1374 Apologie pour Herodote, ou Traité de
conformité des Merveilles anciennes avec l
modernes, par Henri Etienne, augmentée d
remarques de le Duchat. *La Haye*, 1735.
vol. in 8.

1375 Apologie pour les grands Hommes sou
çonnés de Magie, par G. Naudé. *Amst.* 171
in 8.

1376 Reflexions sur les grands Hommes qui so
morts en plaisantant, par M. Deslandes. *Am*
1732. *in* 12.

1377 Le grand Dictionnaire des Précieuses, ou
Clef de la langue des Ruelles, par Ménag
Paris, 1660. *in* 12... Dissertation sur l'ant
quité de Chaillot, pour servir à l'Histoire un
verselle, par M. de la Feuille. *Paris*, 1736.
Avis au Public, avec la Réponse... Lettre s
la Robbe. *Douay*, 1742. *in* 12.

1378 Le Divorce celeste. *Villefranche*, 1644...
Dialogue entre deux Gentilshommes, sur la
guerre d'Italie contre le Pape... Le Courier
dévalisé. *Villefranche*, 1644... La Baſſinade,
c'eſt-à-dire, battement de Baſſins, pour les Abeil-
les Barberines... La Diſgrace du Comte d'O-
livarez. *in* 12.

1379 Voïage d'Italie, par d'Emiliane. *Rotterd.*
1727. 2 *vol. in*-8.

1380 La Vie, les Avantures & le Voïage de
Groenland, par de Maſange. *Amſterd.* 1720.
2 *vol. in* 12.

1381 Les Moines empruntés, par Pierre Joſeph.
Cologne, 1696. *in* 12.

1382 Réponſe pour les Religieux Carmes, au
Livre intitulé les Moines emprutés. *Cologne*,
1697. *in* 12.

1383 Le Tableau des Piperies des Femmes mon-
daines. *Cologne*, 1685. *in* 12.

1384 Les Filles-femmes, les Femmes-filles,
ou le Monde changé, par M. Simien. 1751.
in 12.

1385 Le Triomphe des Femmes, où il eſt prou-
vé que le ſexe feminin eſt plus noble & plus
parfait que le maſculin. *Anvers*, 1700. *in* 12.

1386 Diſcours du Songe de Poliphile, détruiſant
comme Amour le combat à l'occaſion de Polia.
Paris, 1561. *in fol. fig.*

1387 Recueil de Pieces galantes, politiques &
critiques. 4 *vol. in* 12.

1388 Les Chats, par M. de Montcrif. *Paris*,
1727. *in* 8. *fig.*

1389 Les Partiſans démaſqués, Nouvelle galante.
Cologne, 1710. *in* 12.

1390 Recueil des Factums du Procès de Furetiere.
Amſt. 1694. 2 *vol. in* 12.

1 .. 1. {
1391 Apollon mentor, ou le Telemaque moder-
ne, par M. Palissot. *Londres*, 1748. 2 *tom. en
un vol. in* 12.

1392 Zelinga, histoire Chinoise, par le même.
Marseille, 1749. *in* 12.
}

1 .. 11. 1393 Les Privileges du Cocuage. *Cologne*, 1694.
in 12.

- - 10 1394 La Coterie des Antifaconniers. *Bruxelles*,
1719. *in* 12. *v. f.*

1 .. 4 {
1395 Le nouveau Démocrite, ou délassement
d'esprit, par Boyer de Rouviere. *Paris*, 1705.
in 12.

1396 Les Apophtegmes des Anciens, trad. par
Perrot d'Ablancourt. *Paris*, 1664. *in* 12.
}

1 .. - 1397 Recueil des bons Mots, des anciens & des
modernes, par de Calliere. *Paris*, 1702. *in* 12.

1 .. 7. 1398 Elite des bons Mots & des Pensées choisies
en Ana. *Amst.* 1710. 2 *tom. en un vol. in* 12.

2 .. 3. 1399 Les Bigarures & Touches de Des Accords,
avec les Apophtegmes de Gaulard, & les Es-
craignes Dijonnoises. *Rouen*, 1625. 2 *vol.
in* 16.

2 .. 8. 1400 Poggiana. *Amst.* 1720. 2 *vol. in* 12.

- -- 10 1401 Thuana sive excepta ex ore Jac. Aug. Thua-
ni. 1670. *in* 12.

1 --- 1402 Prima Scaligerana. *Ultrajecti*, 1671. 2 *vol.
in* 12.

3 -- 8. 1403 Chevræana. *Paris.* 1696. 2 *vol. in* 12.

1 --- 1404 Sorberiana sive excerpta ex ore Sam. Sorbie-
re. *Tolosæ*, 1692. *in* 12.

3 -- 18 1405 Parrhasiana, ou Pensées diverses. *in* 12.

1 -- 4. 1406 Valesiana. *Paris.* 1693. *in* 12.

1 -- 14. 1407 Carpenteriana. *Paris.* 1724. *in* 12.

1 -- 12. 1408 Furetieriana. *Brux.* 1696. *in* 12.

2 - 9 {
1409 Naudæana & Patiniana. *Paris.* 1701. *in* 12.

1410 Segresiana, ou mélange d'Hist. & de Litte-
}

rature , recueillies des entretiens de Segrais.
Paris, *in* 8.

1411 Huetiana. *Amst.* 1723. *in* 12.   2 - - 11

1412 Santolliana , ou la Vie & les bons Mots de   1 - - 14
Santeuil. *Cologne*, 1735. *in* 12.

1413 Arlequiniana ou bons Mots d'Arlequin Do-   2 - - 19
minique. *Paris*, 1694. *in* 12.

1414 Ducatiana, ou remarques de Duchat , sur   4 - - 7
divers sujets d'histoire & de litterature. *Amst.*
1738. 2 *tom. en un vol. in* 8.

1415 Anonymiana , ou mélanges de Poésie, d'E-   1 - - 16
loquence & d'Erudition. *Par.* 1700. *in* 12. *m. r.*

1416 Vasconia , ou Recueil de bons Mots. *Par.*   1 - - 9
1708. *in* 12.

{1417 Saint Evremoniana. *Paris*, 1700. *in* 12.   2 - - 12
{1418 Polissoniana. *Amst.* 1725. *in* 12. *v. f.*

POLYGRAPHES.

1419 JUliani Imperatoris grec. & lat. opera quæ   7 - - -
extant omnia. *Paris.* 1583. *in* 8.

1420 Les Images ou Tableaux de plattes peintu-   7 - - 16
res des deux Philostrates , trad. par Blaise de
Vigenere. *Paris*, 1615. *in fol. fig. g. p.*

1421 Les Œuvres de Guillaume du Vair. *Paris*,   1 - - 10
1641. *in fol. g. p.*

1422 Mescolanze d'Egidio Menagio. *In Parigi* ,
1678. *in* 8.
                                                    11 - 17
1423 Recueil de divers Ouvrages , Philosophi-
ques, Théologiques, Historiques, Apologéti-
ques & de Critiques, par le P. Daniel. *Paris* ,
1724. 3 *vol. in* 4. *m*

1424 Recueil de divers Ouvrages en Prose & en   6 - - 13
Vers, par le P. Brumoy. *Paris*, 1741. 4 *vol.*
in 12.

1425 Recueil de plusieurs Pieces sur différens - - 10

ſujers , dont Reflexions critiques ſur une Ode compoſée par le P. Macheret. *Cologne* , 1699. *in* 12.

1426 Les Œuvres de Théophile. *Paris* , 1661. *in* 12.

1427 Les Travaux ſans travail , par Pierre Davity. *Paris* , 1602. *in* 12.

1428 Opuſcules ſur divers ſujets , par le P. Bouhours. *Paris* , 1684. *in* 12.

1429 Œuvres du P. Rapin. *La Haye* , 1725. 3 *vol. in* 12.

1430 Œuvres de l'Abbé de Pons. *Paris* , 1738. *in* 12.

1431 Les Œuvres de Scaron. *Paris* , 1731. 12 *vol. in* 12.

1432 Les Œuvres de Cyrano Bergerac. *Amſt.* 1719. 2 *vol. in* 12. *fig.*

1433 Les mêmes. *Amſt.* 1741. 3 *vol. in* 12.

1434 Œuvres de le Noble. *Paris* , 1718. 19 *vol. in* 12. 12.

1435 Œuvres de la Chapelle. *Paris* , 1700. 2 *vol. in* 12. *m. r.*

1436 Les Œuvres de Cordemoy. *Paris* , 1704. *in* 8.

1437 Œuvres mélées du Ch. de S. Jorry. *Amſt.* 1735. 2 *vol. in* 12.

1438 Les Œuvres de Saraſin. *Paris* , 1683. 2 *vol. in* 12.

1439 Œuvres de S. Evremont , avec la Vie de l'Auteur , par des Maizeaux. 1753. 12 *vol. in* 12. 12.

1440 Apologie des Œuvres de S. Evremont. *Paris* , 1698. *in* 12.

1441 Œuvres mélées de Maucroy & la Fontaine. *Paris* , 1685. 2 *vol. in* 12.

1442 Œuvres diverſes de Locke. *Amſt.* 1732. 2 *vol. in* 12.

1443

1443 Œuvres de Madame la Marq. de Lambert, 4 · · 1 ·
avec un abregé de sa Vie. *Paris*, 1748. *2 vol.*
in 12. *d. s. t.*

1444 Œuvres de M. Fontenelle. *Paris*, 1742 8 16 · · ·
vol. in 12.

1445 L'esprit de M. Fontenelle, *La Haye*, 1744. 1 · · · 18 ·
in 12. *v. s.*

1446 Œuvres mêlées de Madame de Gomez. 1 · · · ·
Paris, 1724. *in* 12.

1447 Œuvres mêlées de Nadal. *Paris*, 1738. 4 · · 13 ·
3 *vol. in* 12.

1448 Œuvres mêlées tant en Prose qu'en Vers, 1 · · · 12 ·
par M. de Moncrif. *Paris*, 1743. *in* 12. *v. s.*

1449 Les Œuvres de M. de Remond de S. Mard. 2 · · · 11 ·
La Haye, 1742. 3. *vol. in* 12.

1450 Recréations litteraires ou Recueil de Poésies · · · 12 ·
& de Lettres, avec l'Histoire de Zamet Barcais.
Paris, 1723. *in* 12.

1451 Amitiés, Amours, & Amourettes, par le 1 · · 9 ·
Pays. *Paris*, 1667. *in* 12.

1452 Les Divertissemens de Seaux. *Trevoux*, 1 · 10
1712. *in* 12.

1453 Varietés historiques, physiques & litterai- 4 · · 2 ·
res. *Paris*, 1752. 3 *vol. in* 12.

1454 Recueil de Litterature, de Philosophie, 1 · · 16 ·
& d'Histoire. *Amst.* 1730. *in* 12.

1455 Satyres nouvelles, par M. B***. *Paris*, 2 · · 2 ·
1708... Dissertation sur l'usage de se faire
porter la queue. *Paris*, 1704.... Satyres du
Sr. de Boileau. *Cologne*, 1700... La Guinguet-
te, par le Noble. *Paris*, 1707... La Femme
mécontente de son Mari. *Paris*, 1707... La
Pompe funebre d'Arlequin. *Paris*, 1701. *in* 12.

1456 Œuvres posthumes de B***. *Paris*, 1670.
in 12.
1 · · ·
1457 Bigarures ingénieuses, ou Recueil de Pieces,

galantes en Profe & en Vers, par Mademoi-
felle l'Heritier. *Holl.* 1696. *in* 12.

1 -- 11 1458 Voïage de Bachaumont, & de Chapelle.
Utrecht. 1697. *in* 12.

1 -- 6 1459 Théorie des Sentimens agréables. *Paris*,
1749. *in* 12.

1 -- 10 1460 Réflexions d'un Peintre fur l'Opera. *La Haye*,
1743... Lettre au fujet des Effais hift. & crit.
fur le Goût. *Paris*, 1736... Lettre fur le gout
& le génie, & fur l'utilité dont peuvent être
les regles. *Paris*, 1737... Projet d'une Hiftoire
de la ville de Paris fur un Plan nouveau. *Harl.*
1739. *in* 12.

4 -- 17 1461 Recueil de différentes Pieces, tant Imprimées
que Manufcrites, *en Profe & en Vers.* 5 *vol.*
in 4.

2 -- 1462 Recueil de plufieurs Pieces, tant Imp. que
Manufc. dont Lettre de l'Evêque de Metellopo-
lis... Tableau chronologique de l'Hift. univer-
felle, &c. 4 *vol. in* 12.

1 -- 17 1463 Entretiens littéraires & galans, avec les Avan-
tures de Dom Palmerin & de Thamire, par
du Perron de Caftera. *Paris*, 1738. 2 *vol. in* 12.

3 -- 4 1464 Brevet de Garde des manufcrits de la Ca-
lotte... Cathéchifme fur l'Eglife... Retraite de
M. Arnauld au Païs-bas... Abregé de l'Hift. de
P. R. &c. *in* 12.

2 -- 11 1465 L'Art de défoppiler la rate, par Panckouke.
Lille, 1754. *in* 12.

7 -- 19 1466 Recueil de Pieces choifies, tant en Profe
qu'en vers. *La Haye*, 1714. 2 *vol. in* 12. *m. r.*

7 -- 7 1467 Le Recueil du Parnaffe, ou nouveau choix
de Pieces fugitives, en Vers & en Profe. *Paris*,
1743. 4 *vol. in* 12.

1 -- 4 1468 L'Abeille Flamande. *Lille*, 1746. *in* 12.

1 -- 14 1469 Mémoires du Marquis d'Argens, avec quel-

ques Lettres sur différens sujets. *Londres*, 1735.
in 12.

1470 Opuscules sur différens sujets, par M. Freron. 6 - - 13.
Amst. 1753. 3 vol. in 12.

1471 Les Colloques d'Erasme, trad. en Franç. par 8 - - 14.
Gueudeville. *Leyde*, 1720. 6 tom. en 4 vol. in
12. *fig.*

1472 Cymbalum mundi, ou Dialogues satyriques 1 - - 11.
sur différens sujets, par Bonaventure des Per-
riers. Amst. 1732. in 12. *fig.*

1473 Hexameron Rustique, ou les six Journées
passées à la Campagne, entre des personnes stu-
dieuses, par la Mothe le Vayer. Amst. 1698. 2 - - 1.
in 12.

1474 Cinq Dialogues faits à l'imitation des an-
ciens, par Oratius Tubero. *Mons*, 1673. in 12.

1475 La maniere de bien penser dans les Ouvra-
ges d'esprit, par Bouhours. Amst. 1692. in 12. 3 - - 4.

1476 Les Entretiens d'Ariste & d'Eugene, par le
P. Bouhours. Amst. 1708. in 12.

1477 Sentimens de Cléante sur les entretiens
d'Ariste & d'Eugene, par Barbier Daucourt.
Paris, 1671. 2 vol. in 12.

1478 Entretiens des Ombres aux Champ-Elisées, 4 - -
par Bruzen de la Martiniere. Amst. 1722. 3
vol. in 12.

1479 L'Ombre du Grand Colbert : le Louvre & - - 12.
la ville de Paris, Dialogue, par M. de la Font
de S. Yenne. *La Haye*, 1749. in 12.

1480 Le même, augmenté. 1752. in 12.   2 - - 4.

1481 Entretiens de Colbert avec Bouïn. *Cologne* 1 - - 16.
1701. in 12.

1482 Dialogues des Morts, par M. de Fenelon. 2 - - 14.
Paris, 1718. 2 vol. in 12.

EPISTOLAIRES.

1 -- 16 {
1483 LE nouveau Secretaire, contenant diverses Lettres choisies & familieres. *Paris*, 1669. *in* 12.

1484 Lettres fur divers fujets, par de Grimareſt. *Paris*, 1729. 2 *vol. in* 12.
}

16 {
1485 Lettre d'Hypocrate à Damagette. *Cologne*, 1700. *in* 12.

1486 Lettres galantes d'Ariſtenete, trad. du Grec. *Rotterdam*, 1695. *in* 12.

1487 Les mêmes, trad. nouv. *Cologne*, 1752. *in* 12.
}

1 -- - 1488 Lettres d'Abeillard & d'Heloïſe ; celles d'une Religieuſe portugaiſe, & de Cléante & Beliſe. *Amſterdam*, 1725. *in* 12.

2 -- 7 1489 Lettres de François Rabelais, avec des Obſervations hiſtoriques, par Meſſieurs de Sainte Marthe. *Bruxelles*, 1710. *in* 8.

1 -- - 1490 Lettres choiſies de Balzac. *Paris*, 1647. 2 *vol. in* 8.

2 -- 10 1491 Les Lettres de Voiture. *Amſt.* 1657. *in* 12.

1 -- 16 1492 Lettres choiſies de Guy Patin. *Cologne*, 1692. 4 *vol. in* 12.

2 - 14 1493 Nouvelles Lettres de Guy Patin, tirées du Cabinet de Charles Spon. *Amſterdam*, 1718. 2 *vol. in* 12.

1 -- 10 1494 Lettres du Chevalier Temple. *La Haye*, 1700. 2 *vol. in* 12.

9 {
1495 Lettres de M. Arnauld d'Andilly. *Paris*, 1693. *in* 12.

1497 Lettres d'Antoine Arnauld. *Nancy*, 1727. 9 *vol. in* 12. 9
}

1498 Lettres choisies de M. Flechier. *Paris*, 1715. 2 · · 8
2 *vol. in* 12.

1499 Les nouvelles Lettres de le Pays. *Amsterd.* 1 · · 19
1677. *in* 12.

1500 Lettres nouvelles de Boursault. *Paris*, 1697. · · · 10
in 12.

1501 Nouvelles Lettres de Bayle. *La Haye*, 1739. 2 · · 16
2 *vol. in* 12.

1502 Lettres de Madame la Marquise de ***,
sur les Fables nouvelles de la Motte. *Paris*,
1719. *in* 12.

1503 Lettres galantes, Billets tendres & Répon- 3 · · 12 ·
ses, par Girauld. *Paris*, 1683. *in* 12.

1504 Lettre de M. le Pelletier, à M. Rollin, écrite
en 1695 .... Le Spectateur françois. 1721 ...
Critique de l'Hist. des Chats, de M. de Mont-
crif. 1721 ... Lettres de deux Amis. 1724...
L'Indigent philosophe. 1727 .... Le Quart-
d'Heure amusant. 1727... Histoire de Guilleri,
Voleur... Le Rasibus, ou Procès fait à la barbe
des Capucins. 1718. *in* 8.

1505 Lettres de Madame de Maintenon, publiées 3 · · 15
par M. de la Beaumelle. *Nancy*, 1752. *in* 12.

1506 Recueil des Lettres de Madame de Sevigné. 11 · · 11 ·
Paris, 1734. 7 *vol. in* 12.

1507 Lettres choisies de M. de la Riviere. *Paris*, 3 · ·
1751. 2 *vol. in* 12.

1508 Lettres historiques & galantes, par Madame 5 · · 5 ·
Dunoyer. *Amst.* 1719. 5 *vol. in* 12. *fig.*

1509 Recueil des Lettres de Jean Racine, avec sa 2 · ·
Vie. *Lauzanne*, 1747. 2 *vol in* 12.

1510 Lettres de Rousseau, sur différens sujets de 7 · · 5
Littérature. *Geneve*, 1749. 5 *vol. in* 12.

1511 Lettres diverses & critiques, par Madame 7 · · ·
le Prince de Beaumont. *Nancy*, 1750. *in* 12.

1512 Lettres galantes & philosophiques. *La Haye*, 1721. *in* 12.

1513 Lettres d'un Inconnu à son Ami. 1750. *in* 12.

1514 Lettres de M. à son ami. *Amst.* 1751. *in* 12.

1515 Lettres écrites de la Campagne. *La Haye*, 1721. *in* 12.

1516 Lettres sur les Anglois & les François, & sur les Voïages, par de Murald. 1725. *in* 8.

1517 Lettres d'un François, par l'Abbé le Blanc. *La Haye*, 1745. 3 *vol. in* 12.

1518 Les mêmes. *Amst.* 1751. 3 *vol. in* 12.

1519 Lettres Philosophiques sur les Physionomies, par M. l'Abbé Pernetti. *La Haye*, 1748. *in* 12.

1520 Lettres philosophiques, critiques & amusantes. *La Haye*, 1748. 2 *tom. en un vol. in* 12.

1521 Lettre sur les Aveugles, à l'usage de ceux qui voient, par M. Diderot. *Londres*, 1740. *in* 12.

1522 Lettres Infernales, ou les Tisons. 1740. *in* 12.

1523 Lettres de Therese, par l'Abbé de la Garde. *La Haye*, 1740 2 *vol. in* 12.

1524 Lettres françoises & germaniques, ou Réflexions sur les François & les Allemans. *Lond.* 1740. *in* 12.

1525 Lettres Juives, par le Marquis d'Argens. *La Haye*, 1736. 6 *vol. in* 12.

1526 Lettres Cabalistiques, par le même. *La Haye*, 1737. 4 *vol. in* 12.

1527 Lettres Chinoises, ou Correspondance philosophique, historique & critique, par le même. *La Haye*, 1739. 4 *vol. in* 12.

1528 Lettres morales & critiques, sur les différens états & les diverses occupations des Hommes, par le même. *Amst.* 1748. *in* 12.

1529 Lettres d'un Sauvage dépaïsé. *Amst* 1738. 2 - - 19
in 12.

1530 Lettres Moscovites. *Holl.* 1736. in 8. - -1 - - 19

1531 Recueil de Pieces, sur différens sujets, dont - - - 10
Lettre critique à M. de ***, sur Rhadamiste
& Zenobie, de M. de Crebillon. *Paris*, 1711.
in 12.

1532 Lettres de la Marquise de M ***, au Comte 1 - - 18
de R ***, par M. Crebillon fils. 1739. *in* 12.

1533 Lettres Persannes, par M. de Montesquieu.
Cologne, 1721. 2 *vol. in* 12.   4 - - 12 -
1534 Nouvelles Lettres Persannes, trad. de l'An-
glois. *Londres*, 1735. 2 *tom. en un vol. in* 12.

1535 Lettres Turques, par M. de Sainte Foix. 3 - - 7.
Paris, 1750. 2 *tom. en un vol. in* 12.

1536 Lettres d'une Peruvienne, par Madame de 1 - - 10
Graffigni. 1748. *in* 12.

1537 Lettres philosophiques de M. de Voltaire. 3 - - 19
Amst. 1734. *in* 12.

1538 Lettres critiques sur les Lettres philosophi- 1 - - 16 .
ques de M. de Voltaire par rapport à notre Ame,
à sa spiritualité & à son immortalité. 1753.
in 12.

HISTOIRE.

GÉOGRAPHIE & VOYAGES.

1539 Lettres sur l'Histoire, par Milord Vicomte 3   16
Bolingbroke. 1752. 2 *vol. in* 12.

1540 Introduction à la Géographie en plusieurs 2   8
Cartes avec leur explication, par Samson. *Paris*,
1705. *in fol. g. p.*

1541 Introduction à la Géographie, par de Fer. 12
Paris, 1716. in 8.

1542 Méthode pour apprendre la Géographie avec des Cartes, par Robbe. *Paris*, 1703. 2 *vol. in* 12.

1543 Méthode abregée & facile pour apprendre la Géographie, dédiée à Mademoiselle de Crozat, par le P. le François. *Paris*, 1714. *in* 12.

1544 Dictionnaire universel, géographique & historique, par T. Corneille. *Paris*, 1708. 3 *vol. in fol.*

1545 Atlas géographique & historique, dédié à S. A. R. M. le Duc d'Orleans, par Chiquet. *in* 4. *oblong.*

1546 l'Atlas curieux, ou le Monde représenté dans des Cartes générales & particulieres du Ciel & de la Terre, par de Fer. *Paris*, 1705. 2 *vol. in fol. oblong.*

1547 Atlas historique, par Gueudeville. *Amsterd.* 1719. *six tom. en* 3 *vol. in fol.*

1548 Atlas de la Navigation, & du Commerce qui se fait dans toutes les parties du Monde. *Amst.* 1715. *gr. in fol.*

1549 Recueil de 572 Cartes géographiques, par différens Auteurs, formant un Atlas complet, rangées par Roïaume & par Provinces, *avec des Tables manuscrites.* 100

1550 Les Côtes de France, gravées par de Fer. 1690. *in* 4.

1551 Cartes des Païs-bas & des Frontieres de France, avec un Recueil des plans des Villes, Sieges & Batailles, données entre les Hauts Alliés & la France. *Bruxelles*, 1712. *in fol.*

1552 Plans des Places du Hainault françois, *lavées & enluminées*, *in fol. oblong m. r.*

1553 Eclaircissemens géographiques sur la Carte de l'Inde, par M. d'Anville. *Paris*, 1753. *in* 4.

1553 * De l'utilité des Voïages, & de l'avantage que

que la recherche des Antiquités procure aux Savans, par Baudelot de Dairval. *Rouen*, 1727. 2 *vol. in* 12. *fig.*

1554 Mémoires instructifs pour un Voïageur, dans les divers Etats de l'Europe. *Amsterdam*, 1738. 2 *vol. in* 8. *fig.*

1555 Voïage au tour du Monde, fait en 1740, & 10 années suiv. par G. Anson. *Amst. in* 4. *fig.*

1556 Voïages historiques de l'Europe, par Jordan. *Amst.* 1718. 8 *vol. in* 12.

1557 Le Voïage de l'Europe, par de Rochefort. *Paris*, 1672. 6 *vol. in* 12. *fig.*

1558 Nouveau Voïage de France, avec un Itinéraire & des Cartes, par Piganiol de la Force. *Paris*, 1724. 2 *vol. in* 12.

1559 Nouveau Voïage de France, géographique, historique & curieux. *Paris*, 1720. *in* 12. *fig.*

1560 Voïage du tour de la France, par de Rouviere. *Paris*, 1713. *in* 12.

1561 Voïage de Monsieur le Duc de Chartres en Flandres en 1741. *in* 4.

1562 Relation du Voïage d'Espagne, par Madame Daulnoy. *Paris*, 1699. 3 *vol. in* 12.

1563 Nouveau Voïage d'Italie, par Maximilien Misson. *La Haye*, 1702. 3 *vol. in* 12. *fig.*

1564 Voïage de Suisse, d'Italie & de quelques endroits de France & d'Allemagne, par Burnet. *Rott.* 1688. *in* 12.

1565 Journal du Voïage de Philippe V, Roi d'Espagne en Italie, par Bulifon. *Naples. in* 12.

1566 Journal du Voïage fait par ordre du Roi à l'Equateur, par M. de la Condamine. *Paris*, 1751. 2 *vol.* 4.

1567 Voïage de la baie de Hudson, fait en 1746 & 1747, pour la Découverte du passage de

Nord-d'Oueft, trad. de l'Ang. par Celius. *Paris,* 1749. *in* 12. *fig.*

1568 Extrait des Voïages de M. Payen, Lieutenant général de Meaux. *in* 8. *Mff.*

1569 Relation d'un Voïage du Chevalier de Belle-rive à Bender. *Paris,* 1713. *in* 12.

1570 Voïages de Pietro della Vallé, dans la Turquie, l'Egypte, la Paleftine, la Perfe, &c. *Paris,* 1745. 8 *vol. in* 12. *fig.*

1571 Voïages en Turquie & en Perfe, par Otter. *Paris,* 1748. 2 *vol. in* 12.

1572 Voïages faits principalement en Afie, dans les 12, 13, 14 & 15 fiecles, recueillis par Pierre Bergeron. *La Haye,* 1735. *in* 4. *fig.*

1573 Journal du Sieur de la Croix, Secretaire de l'Ambaffade de France à la Porte. *Mff. in* 4.

1574 Voïages de Corneille le Bruyn, en Perfe, aux Indes, &c. *Paris,* 1725. 5 *vol. in* 4. *fig.*

1575 L'Hiftoire de la Navigation aux Indes Orientales, par les Hollandois. *Amft.* 1609... Defcription des trois Voïages faits par Mer par les Hollandois au Nord, par Girard le Veer. *Amft.* 1609. *in fol. fig.*

1576 Voïages de Tavernier. *Paris,* 1677. 4 *vol. in* 4. *fig.*

1577 Les Voïages de Tavernier en Turquie, en Perfe & aux Indes. *Paris,* 1713. 6 *vol. in* 12. *fig. d. f. t.*

1578 Voïages & Conquêtes du Capitaine Ferdinand Courtois, aux Indes Occidentales. *in* 12. *fans titre.*

1579 Relation d'un Voïage fait dans l'intérieur de l'Amérique méridionale, par M. de la Condamine. *Paris,* 1745. *in* 8. *m. v.*

1580 Voïage aux Ifles d'Amérique, par le P. Labat. *Paris,* 1722. 6 *vol. in* 12.

6   19 1596 Voïages & Avantures de Robinson Crusoé,
par Swift. *Amst.* 1720. 3 *vol. in* 12. *fig.*

4   10 1597 Voïages de Gulliver , trad. de l'Anglois
de Swift, par l'Abbé Desfontaines. *Par.* 1727.
2 *vol. in* 12. *fig.*

2   4 1598 Le nouveau Gulliver , ou Voïage de Jean
Gulliver , par Guyot Desfontaines. *Paris ,*
1730. 2 *vol. in* 12.

HISTOIRE UNIVERSELLE.

7   18 1599 LA Cosmographie universelle de tout le
monde, par Munster. *Paris ,* 1675. 3 *vol. in fol.*

16   7 1600 L'Art de vérifier les dates des Faits histo-
riques, par des Benedictins. *Paris ,* 1750. *in* 4.

6   1601 Tablettes chronologiques pour l'Histoire
universelle. *in* 4. *Mss.*

1   10 1602 Tablettes chronologiques, par Marcel. *Par.*
1704. *in* 24. *obl.*

   17 1603 L'Histoire de Diodore de Sicile. *Paris ,*
1554. *in fol.*

7   1604 Histoire du Monde, par Chevreau. *Paris ,*
1717. 8 *vol. in* 12.

2   11 1605 Thrésor chronologique & historique de S.
Romualde. *Paris ,* 1658. 3 *vol. in fol.*

      1606 Histoire universelle du Monde , par Belle-
forêt. *Paris ,* 1577. *in* 4.

1   10 1607 Abregé chronologique de l'Histoire univer-
selle , trad. du P. Petau, par Maucroix. *Paris,*
1683. 2 *vol. in* 12.

4   19 1608 Histoire profane depuis son commencement
jusqu'à present, par Louis Elies Dupin. *Paris ,*
1714. 6 *vol. in* 12.

1   1609 Les Genéalogies , Faits & Gestes des Papes,
des Empereurs & Rois de France. *Paris ,* 1518.
in fol.

1610 Recueil de Pieces, tant imprimées que manusc. concernant l'Histoire universelle. *in fol.*

1611 Recueil de Pieces, tant imprimées que manusc., sur l'Histoire universelle. *6 vol. in 4.*

1612 Recueil de Pieces concernant l'Histoire politique de l'Europe, depuis 1733 jusqu'en 1747. *3 vol. in 4.*

1613 Mémoires pour servir à l'Histoire, tirés du Cabinet de Leon du Chastelier Barlet. *Fontenay*, 1643. *in 8.*

1614 Etat présent des affaires de l'Europe, avec la trad. d'une remontrance de l'Etat ecclésiastique de Portugal à Sa Majesté Portugaise, par de Visé. *Paris*, 1704. *in 4.*

1615 L'Espion Turc, trad. de Marana. *Paris*, 1710. *7 vol. in 12.*

1616 Mémoires de Louis de Polnitz, contenant les observations qu'il a faites dans ses voïages. *Londres*, 1735. *4 vol. in 12.*

1617 Mémoires de ce qui s'est passé dans la Chrétienneté depuis 1672 jusqu'en 1679, par Temple. *La Haye*, 1693. *in 12.*

1618 Nouvelles ou Mémoires historiques contenant ce qui s'est passé de plus mémorable en Europe, depuis 1672 jusqu'en 1679, par Madame Daulnoy. *Paris*, 1693. *2 vol. in 12.*

1619 Mercure de France, depuis 1700 jusqu'en 1753. *457 vol. in 12.*

1620 Gazettes de France, depuis 1745 jusqu'en 1753. incluf. *9 vol. in 4.*

1621 Les Nouvelles de Paris, depuis 1737 jusqu'en 1744. incl. *5 vol. in 4.*

1622 Affiches de Paris, commençant au mois de Mai 1747, finissant à la fin de l'année 1752. *7 vol. in 8.*

1623 Le Mercure Hollandois, par Louvel. *Par.* 1678. *9 vol. in 12.*

1624 Gazettes d'Amsterdam, depuis 1741. jusqu'en 1747 incl. 5 *vol. in* 4.

1625 Extraits des Gazettes d'Amsterdam. *Mss in fol.*

1626 Nouvelles de la Haye, depuis 1737 jusqu'en 1744. incl. 5 *vol. in* 4. *Mss.*

1627 Gazettes d'Utrecht, depuis 1743. jusqu'en 1752, imp. de plusieurs ordinaires. 8 *vol. in* 4.

1628 Gazettes de Cologne, depuis 1745 jusqu'en 1752 incl. 8 *vol. in* 4.

1629 Gazettes de Francfort, six derniers mois de 1746. *in* 4.

1630 Gazettes de Berne, les huit derniers mois de 1746 & l'année 1751 incl. 2 *vol. in* 4.

1631 Le Cabinet des Princes. *Bruxelles*, 1672. *in* 12.

1632 Almanach genéalogique, chronologique & historique pour l'année 1747, par l'Abbé Lenglet. *Paris, in* 16. *m. v.*

1633 Almanach historique & astronomique de la Ville de Lyon, pour les années 1746 & 1747. 2 *vol. in* 8.

1634 Almanaco por l'anno 1745 & 1746. In *Firenze*, 2 *vol. in* 24. *m. r.*

HISTOIRE ECCLÉSIASTIQUE.

1635 Histoire du Peuple de Dieu, depuis son origine jusqu'à la Naissance du Messie, par le P. Berruyer. *Paris*, 1735. 10 *vol. in* 12.

1636 La Monarchie des Hebreux, trad. du Marq. de S. Philippe, par de Beaumarchais, *La Haye*, 1728. 4. *vol. in* 12.

1637 Dissertation sur l'étendue de l'ancienne Jérusalem & de son Temple, par M. d'Anville. *Paris*, 1747. *in* 8.

1638 Histoire de la délivrance de l'Eglise chré-
tienne , par l'Empereur Constantin. *Paris ,*
1630. *in fol.*

1639 Histoire ecclésiastique , par M. Fleury ,
avec la continuation par le P. Fabre. *Bruxelles ,*
& Paris , 1713. *& suiv.* 36 *vol. in* 12.

1640 Histoire de l'Eglise, trad. par Cousin. *Pa-*
ris, 1686. 5 *vol. in* 12.

1641 Histoire de la Religion & de l'Eglise , de-
puis la création du Monde jusqu'à l'Empire de
Jovien , avec des Reflexions. *Paris ,* 1751.
6 *vol. in* 12.

1642 Mémoires chronologiques & dogmatiques
pour servir à l'Histoire ecclesiastique , depuis
1600 jusqu'en 1716 , par Davrigny. 1723.
4 *vol. in* 12.

1643 Histoire de l'Eglise de Meaux , par Dom
Toussaint Duplessis. *Paris ,* 1731. 2 *vol. in* 4.

1644 Nouvelle histoire de l'Abbaïe roïale & col-
légiale de S. Filibert & de la Ville de Tournus.
Dijon , 1733. *in* 4. *fig.*

1645 Histoire de l'Abbaïe roïale de S. Denis , par
Felibien. *Paris ,* 1706. *in fol. fig.*

HISTOIRE DES CONCILES DES PAPES
ET DES CARDINAUX.

1646 Histoire du Concile de Constance , par
Bougeois du Chastenet. *Paris ,* 1718. *in* 4.

1647 Histoire du Concile de Constance , par
Lenfant. *Amst.* 1727. 2 *vol. in* 4. *fig.*

1648 Histoire de la Guerre des Hussites,& du Con-
cile de Basle , par le même. *Amst.* 1731. 2 *vol.*
in 4. *fig.*

1649 Histoire du Concile de Pise , par le même.
Amst. 1724. 2 *vol. in* 4. *fig.*

3   15 1650 Hiſtoire du Concile de Trente , trad. de Fra-Paolo Sarpi , par Amelot de la Houſſaye. *Amſt.* 1686. *in* 4.

1   13 1651 Notes ſur le Concile de Trente , par Raſſicod. *Cologne* , 1706. *in* 8.

1   10 1652 Lettres & Mémoires de François de Vargas , touchant le Concile de Trente , avec les remarques de le Vaſſor. *Amſt.* 1720. *in* 8.

1   18 1653 Critique de l'Hiſtoire du Concile de Trente de Fra-Paolo , des Lettres & des Mémoires de Vargas. *Rouen* , 1718. *in* 4.

1   10 1654 Inſtructions & Lettres des Rois de France & de leurs Ambaſſadeurs , concernant le Concile de Trente , par Dupuy. *Paris* , 1654. *in* 4.

4   4 1655 Concilium Provinciale Ebroduni habitum. *Gratianopoli* , 1728. *in* 4.

3   19 1656 Hiſtoire de la condamnation de M. l'Evêque de Senez , par les Prélats aſſemblés à Ambrun. 1728. *in* 4.

2   14 1657 La Vie du Pape Sixte V , trad. de Leti. *Lyon* , 1701. 2 *vol. in* 12. *fig.*

4   14 1658 La Vie du Pape Alexandre VI , & de ſon Fils Ceſar Borgia , trad. de l'Anglois , par Gordon. *Amſt.* 1751. 2 *vol. in* 12.

4   - - 1659 Hiſtoire du Cardinal Ximenes , par Flechier. *Paris* , 1693. *in* 4.

HISTOIRE MONASTIQUE,
& VIES DES SAINTS.

1   10 1660 LE vrai Tréſor de l'Hiſtoire ſainte , ſur le tranſport miraculeux de l'Image de N. D. de Lieſſe , en Vers françois , avec fig. *Paris* , 1647. *in* 4.

3   1 1661 La Monarchie des Solipſes , trad. de Melchior Inchofer. *Amſt.* 1723. *in* 12.

1662

1662 Recueil de Pieces touchant l'Hiſtoire de la
Compagnie de Jeſus, par le P. Jouvenci.
Liege, 1716. *in* 12.

1663 De Sinenſium ritibus politicis Acta, ſeu S.
Franciſci Xaverii Philipucci Miſſionarii Sinen-
ſis præludium. *Pariſ.* 1700. 2 *vol. in* 8.

1664 L'Alcoran des Cordeliers, & la Legende
dorée. *Amſt.* 1734. 3 *vol. in* 12. *fig.*

1665 Eſſai de l'hiſtoire de l'Ordre de Citeaux,
par D. P. le Nain. *Paris*, 1696. 6 *vol. in* 12.

1666 L'Innocence opprimée par la calomnie, ou
l'hiſtoire de la Congrégation des Filles de l'En-
fance. *Toulouſe*, 1688. *in* 12.

1667 Hiſtoire ſecrette des Templiers, ou Cheva-
liers de Malthe, par Boiſſart. *Amſterd.* 1730.
2 *vol. in* 12.

1668 Deſcription de l'Abbaïe de la Trappe. *Pa-
ris*, 1671. *in* 12.

1669 Deſcription & Plan de l'Abbaïe de la Trap-
pe, par Frere Pacôme. *Paris*, 1708. *in* 4. *fig.*

1670 Hiſtoire de l'Abbaïe de Port-roïal des
Champs. *Cologne*, 1752. 6 *vol. in* 12.

1671 Mémoires ſur la deſtruction de l'Abbaïe
de Port-roïal des Champs. 1711. *in* 12.

1672 Recueil de Pieces concernant la deſtruction
des Religieuſes de Port-roïal des Champs.
in 12.

1673 Mémoires en forme d'Abregé hiſtorique de
l'Inſtitution des Chevaliers du Mont-Carmel,
par Touſſaint de S. Luc. *Paris*, 1666. *in* 12.

1674 Statuts de l'Ordre de Saint Michel. *Paris*,
1725 *in* 4. *fig.*

1675 Statuts de l'Ordre du Saint-Eſprit. *Paris*,
1703. *in* 4.

1676 Diſcours ſur les Vies des Saints de l'ancien
Teſtament. *Paris*, 1732. 6 *vol. in* 12.

P.

1677 Vies des Saints, par Baillet. *Paris*, 1715. 4 *vol. in fol.*

1678 Les mêmes. *Paris*, 1739. 10 *vol. in* 4.

1679 L'Invocation & l'Imitation des Saints, pour tous les jours de l'année. *Paris*, 1687. 2 *vol. in* 24. *fig. de le Clerc.*

1680 La Vie de S. Jerôme, par Dom Martianay. *Paris*, 1706. *in* 4.

1681 Histoire de S. Grégoire le Grand, par de Sainte Marthe. *Rouen*, 1697. *in* 4.

1682 La Vie de S. Bernard, par de Villefore. *Paris*, 1704. *in* 4.

1683 La Vie de Rufin, Prêtre de l'Eglise d'Aquilée, par Gervaise. *Paris*, 1724. 2 *vol. in* 12.

1684 La Vie de S. Irenée, Evêque de Lyon, par Gervaise. *Paris*, 1723. 2 *vol. in* 12.

1685 Abregé de la Vie de S. Felix de Cantalice, par Philbert du Bourg. *Paris*, 1713. *in* 12. *m.r.*

1686 La Vie de S. François Regis. *Paris*, 1737. *in* 12.

1687 L'esprit d'Yves de Chartres, dans la conduite de son Diocèse, & dans les Cours de France & de Rome. *Paris*, 1701. *in* 12.

1688 La Vie & le Martyre du Bienheureux Raymond Lulle, par Perroquet. *Vendôme*, 1667. *in* 8.

1689 La Vie de Dom Barthelemi des Martyrs. *Paris*, 1664. *in* 8.

1690 La Vie de D. Armand le Boutillier de Rancé, Abbé de la Trappe, par le Nain. *Paris*, 1719. 2 *tom. en un vol. in* 12.

1691 Abregé de la Vie de Catherine Fontaine, par Villery. 1688. *in* 8.

1692 La Vie de Dom Pierre le Nain. *Paris*, 1715. *in* 12.

1693 La Vie de la Mere Marguerite Marie à Lacoque, par M. Languet. *Paris*, 1739. *in* 4.

1694 Abregé de la Vie de S. Jean de la Croix,
par le R. P. Amable. *Paris*, 1725. *in* 12.

1695 Le Courtisan prédestiné, ou le Duc de
Joïeuse Capucin, par de Cailliere. *Paris*,
1728. *in* 12.

1696 La Vie de Madame de Miramion, par
l'Abbé de Choisy. *Paris*, 1706. *in* 4.

1697 La Vie en abregé de Madame de Chantal,
premiere Mere & Fondatrice de l'Ordre de la
Visitation de Sainte Marie. *Paris*, 1697. *in* 12.

HISTOIRE DES RELIGIONS, SECTES & HÉRÉSIES.

1698 CErémonies & Coutumes religieuses de
tous les Peuples du monde, représentées par des
fig. gravées, par B. Picard. *Amst.* 1723. 4. *vol.*
in fol.

1699 Histoire critique de Manichée & du Ma-
nichéisme, par de Baufobre. *Amst.* 1734. 2. *vol.*
in 4.

1700 Histoire des Flagellans, trad. du latin, par
l'Abbé Boileau. *Amst.* 1732. *in* 12.

1701 Critique de l'Histoire des Flagellans, par
Jean Baptiste Thiers. *Paris*, 1703. *in* 12.

1702 Défense de l'Histoire des Variations, con-
tre la Réponse de Basnage, par M. Bossuet.
Paris, 1691. *in* 12.

1703 Histoire de la Croisade contre les Albigeois,
par le P. Langlois. *Paris*, 1703. *in* 12.

1704 Traité de l'Eglise contre les Hérétiques, &
principalement contre les Calvinistes. *Paris*,
1685. *in* 12.

1705 Traité historique & dogmatique des Edits,
& des autres Moïens spirituels & temporels
dont on s'est servi dans tous les tems pour éta-

blir & maintenir l'Unité de l'Eglise catholique, par Thomaſſin. *Paris*, 1703. 3 *vol. in* 4.

1706 Hiſtoire véritable du Calviniſme, oppoſée à celle de Maimbourg. *Amſt.* 1683. 2 *vol. in* 12.

1707 Hiſtoire du Calviniſme & du Papiſme, miſes en parallele par Jurieu. *Rott.* 1683. *in* 4.

1708 Hiſtoire de l'héréſie des Iconoclaſtes, par le P. Maimbourg. *Paris*, 1675. 2 *vol. in* 12.

1709 Traité hiſtorique de l'Eglise de Rome, par Maimbourg. *Paris*, 1685. *in* 12.

1710 Relation de l'accroiſſement de la Papauté, & du Gouvernement abſolu en Angleterre. *Hambourg*, 1680. *in* 12.

1711 Hiſtoire du Whigiſme & du Toriſme, par de Cize. *Amſt.* 1717. *in* 12.

1712 Lettres d'un Docteur de Sorbonne à un Homme de Qualité, touchant les Héréſies du dix-ſeptieme ſiecle. *Paris*, 1712. *in* 12.

1713 Hiſtoire de l'Inquiſition & ſon origine, par Marſolier. *Cologne*, 1693. *in* 12.

1714 Mémoires hiſtoriques pour ſervir à l'Hiſtoire des Inquiſitions. *Cologne*, 1716. 2 *vol. in* 12. *fig. m. r.*

1715 Hiſtoire critique de la créance & des coutumes des Nations du Levant, par Richard Simon. *Francf.* 1684. *in* 12.

HISTOIRE PROFANE.

HISTOIRE GRECQUE & ROMAINE.

1716 OBſervations ſur les Grecs, par M. l'Abbé de Mably. *Geneve*, 1749. *in* 12.

1717 Pauſanias ou Voïage hiſtorique de la Grece, trad. en françois, par l'Abbé Gédoyn. *Paris*, 1731. 2 *vol. in* 4. *fig.*

1718 Histoire de Grece trad. de l'Anglois de Stanyan. *Paris*, 1742. *3 vol. in* 12.

1719 Les Histoires de Dictis de Crete, trad. par Jean de la Lande. *Paris*, 1556. *in* 8.

1720 L'Histoire d'Herodote, trad. en franç. par Durier. *Paris*, 1677. *3 vol. in* 12.

1721 La Cyropædie, ou l'Histoire de Cyrus, trad. du grec de Xenophon par Charpentier. *La Haye*, 1732. *in* 12.

1722 Retraite des Dix-mille, trad. du grec de Xenophon, par Perrot d'Ablancourt. *Paris*, 1706. *in* 12.

1723 Les Guerres d'Alexandre le Grand, trad. d'Arrian par d'Ablancourt. *Par* 1674. *in* 8. *v. f.*

1724 Histoire de Philippe de Macedoine, par Olivier. *Paris*, 1740. *2 vol. in* 12.

1725 Histoire de Pyrrhus, Roi d'Epire, par M. Jordans. *Amst.* 1749. *2 vol. in* 12.

1726 Quint-Curce, de la Vie d'Alexandre le Grand, trad. par Vaugelas. *Paris*, 1659. *in* 4.

1727 La Vie d'Agathocle, ou le Tyran de Siracuse, trad. de l'Anglois. *Paris*, 1752. *in* 12.

1728 Explication abregée des Coutumes & des Cérémonies des Romains, trad. de Nieuport, par Desfontaines. *Paris*, 1741. *in* 12.

1729 Observations sur les Romains, par M. l'Abbé de Mably. *Geneve.* 1751. *2 tom. en un vol. in* 12.

1730 Antiquités romaines de Denis d'Halicarnasse, trad. par Bellanger. *Paris*, 1723. *2 vol. in* 4.

1731 Epitome de l'Histoire romaine de Florus, trad. par Monsieur, Frere unique du Roi. *Paris*, 1670. *in* 12.

1732 Histoire de Velleius Paterculus, trad. par Doujat. *Paris*, 1672. *in* 12.

1733 Abregé de l'Histoire romaine, trad. d'Eu-
trope, par Lezeau. *Paris*, 1717. *in* 12.

1734 Histoire de Polybe, trad. par Vincent
Thuillier, avec un Commentaire du Cheva-
lier Folard. *Paris*, 1727. 6 *vol. in* 4.

1735 Appian d'Alexandrin, des Guerres des Ro-
mains, trad. par Odet. *Paris*, 1659. *in fol.*

1736 Saluste trad. en franç. *Paris*, 1675. *in* 12.

1737 Les Commentaires de Cesar, trad. par
Perrot d'Ablancourt. *Paris*, 1714. 2 *vol. in* 12.

1738 C. Julius Cæsar's Commentaries of his Wars
in Gaul, and civil War with Pompey. *London*,
1726. *in* 8. *fig.*

1739 Histoire du Triumvirat. *Paris*, 1683. 3 *vol.
in* 12.

1740 Tacite, avec des Notes politiques & his-
toriques, par Amelot de la Houssaye. *Amst.*
1731 6 *vol. in* 12.

1741 Discours historiq. critiq. & polit. sur Tacite,
trad. de Gordon. *Amst.* 1749. 2 *vol. in* 12.

1742 Morale de Tacite, par Amelot de la Hous-
saye. *Paris*, 1686. *in* 12.

1743 Tibere, Discours politiques sur Tacite,
par le même. *Paris*, 1685. *in* 8.

1744 Histoire des Empereurs Romains, trad. du
latin de Suétone, par Duteil. *Paris*, 1667.
in 12.

1745 Histoire de Dion Cassius de Nicée. *Paris*,
1674. 2 *vol. in* 12.

1746 Histoire d'Herodien, trad. par de Boisguil-
bert. *Paris*, 1685. *in* 12.

1747 Amian Marcellin, trad. par Marolles. *Pa-
ris*, 1672. 3 *vol. in* 12.

1748 Histoire des Empereurs & des autres Prin-
ces qui ont regné durant les six premiers sie-
cles de l'Eglise, par Sebastien le Nain de Til-

lemont. *Paris*, 1720. 6 *vol. in* 4.

1749 Vie de l'Empereur Julien , par M. l'Abbé de 2
la Bleterie. *Paris*, 1735. *in* 12.

1750 Histoire de l'Empereur Jovien, par le mê- 2
me. *Paris*, 1748. 2 *vol. in* 12.

1751 Histoire de Théodose le Grand, par Fle- 2
chier. *Paris*, 1749. *in* 12.

1752 Histoire de l'Empire de Constantinople sous 12
les Empereurs françois, par de Villehardouin.
Paris, 1657. *in fol.*

1753 Histoire de la Conquête de Constantino-
ple, par Villehardouin, trad. en italien, par
M. de Paulmi, Evêque de Rhodez. *Mss. in fol.*

1754 Histoire de Constantinople , par Cousin. 16
Paris, 1685. 8 *vol. in* 12.

1755 Histoire de l'Empire d'Occident, par Cou- 2
sin. *Paris*, 1683. 2 *vol. in* 8.

1756 Histoire romaine , trad. du grec de Xephi- 2
lin , Zonare & Zosime , par Cousin. *Holl.*
1686. 2 *vol. in* 12. *m. r.*

HISTOIRE D'ITALIE.

1757 ANalyse géographique de l'Italie , par
Danville. *Paris*, 1744. *in* 4. *d. s. t.*

1758 Histoire d'Italie de Guichardin , trad. en
franç. *Paris*, 1568. *in fol.*

1759 Histoire de la Guerre d'Italie de Guichar-
din. *Londres*, 1738. 3 *vol. in* 4.

1760 Conjuration de Nicolas Gabrini , dit de
Rienzi , par le P. du Cerceau. *Paris*, 1733.
in 12.

1761 Ragguaglio del Dominio temporale del
Papa. *In Parigi* 1676... Il Sacco di Roma dal
Guiciardini. *In Parigi*, 1664. *in* 12.

1762 Etat présent d'Italie , *Villefranche*, 1696.
2 *vol. in* 12.

1763 Naples françoise, ou les Eloges généalogiques & hiſtoriques des Princes & Seigneurs de Naples, par l'Hermite. *Paris*, 1663. *in* 4.

1764 Deſcription de Sicile & de ſes Côtes maritimes, avec les Plans de toutes ſes Fortereſſes, par Agatin Apary. *Amſt.* 1734. *in* 8.

1765 L'Etat de la République de Naples, ſous le Gouvernement du Duc de Guiſe, par Turge Loredan. *Paris*, 1679. *in* 12.

1766 Hiſtoire générale de Veniſe, par T. de Fougaſſes. *Paris*, 1608. 2 *vol. in* 4.

1767 Hiſtoire du Gouvernement de Veniſe. *Paris*, 1685. 2 *vol. in* 8.

1768 Petri Marcelli de vita, moribus & rebus geſtis omnium Ducum Venetorum Hiſtoria ſuccinta. *Francof.* 1574. *in* 8.

1769 Hiſtoire du Mont Veſuve, trad. de l'italien, par M. du Perron de Caſtera. *Paris*, 1741. *in* 12. *fig.*

1770 Les Anecdotes de Florence, ou l'Hiſtoire ſecrete de la Maiſon de Médicis, par Varillas. *La Haye*, 1687. *in* 12.

1771 Relation des mouvemens de la Ville de Meſſine, depuis 1671 juſqu'à préſent. *Paris*, 1676... Hiſtoire de l'Ethiopie orientale, trad. du Portugais. *Paris*, 1684. *in* 12.

1772 Hiſtoire des Révolutions de l'Ile de Corſe, & de l'élevation de Théodore I, ſur le Trône de cet Etat. *La Haye*, 1738. *in* 12.

1773 Deſcription géographique, hiſtorique & politique du Roïaume de Sardaigne. *La Haye*, 1725. *in* 12.

1774 L'Hiſtoire d'Emmanuel Philibert, Duc de Savoie, Gouverneur des Païs-bas. *Amſt.* 1693 *in* 12.

1775 Lettre d'un Gentilhomme à un de ſes Amis
ſur

fur les mouvemens avenus en Piémont en 1655.
in 12.

1776 Anecdotes de l'Abdication de Victor Ame-
dée II, Roi de Sardaigne. 1733 ... Lettres d'un
François à fon ami à Londres. 1738 ... Lettre
de Sa Majefté la Reine de Hongrie, écrite au
Cercle de Souabe en Octobre 1744. ... Procès
fait à l'Amiral Matheus, fur le Combat naval
donné devant Toulon, le 22 Fevrier 1744, &c.
2 vol. in 8.

HISTOIRE DE FRANCE.

1777 PArallele des Romains & des François,
par rapport au Gouvernement, par M. l'Abbé
de Mably. *Paris*, 1740. *2 vol. in* 12.

1778 Bibliotheque générale des Auteurs de l'Hif-
toire de France, par D. J. Liron. *Paris*, 1719.
in 4. *m. r.*

1779 Mémoires pour fervir à l'Hiftoire des Gaules
& de la France, par M. Gibert. *Paris*, 1744.
in 12.

1780 Eclairciffemens géographiques, fur l'An-
cienne Gaule, par d'Anville. *Paris*, 1741. *in* 12.

1781 Hiftoire des Gaules, & des Conquêtes des
Gaulois, par Dom Jacq. Martin. *Paris*, 1752.
in 4. *broché*.

1782 Mémoires hiftoriques & critiques, fur divers
points de l'Hiftoire de France, par Mezeray.
Amft. 1753. *in* 12.

1783 Adriani Valefii Notitia Galliarum, ordine
litterarum digefta. *Parifiis*, 1675. *in fol.*

1784 Hiftoriæ Francorum Scriptores Cœtanei
D Aut. Duchefne. *Parifiis*, 1636. *5 vol. in fol.*

1785 Recueil des Hiftoriens des Gaules & de

Q

France, recueillis par D. Martin Bouquet. *Paris,* 1738. *& fuiv.* 8. *vol. in fol.* 120

6　1786 Hiftoire critique de l'Etabliffement de la Monarchie françoife dans les Gaules, par Dubos. *Paris,* 1742. 4 *vol. in* 12.

1　1787 Antonii Dadini Altefferæ de Ducibus & Comitibus Provincialibus Galliæ Libri III. *Tolofæ,* 1643. *in* 4.

2　17　1788 Les Antiquités gauloifes & françoifes, par Fauchet. *Geneve,* 1611. *in* 4.

2　4　1789 Les Œuvres d'Alain Chartier, augmentées par André Duchêne. *Paris,* 1617. *in* 4.

1　6　1790 Tréfor des recherches & Antiquités gauloi-fes & françoifes, par Borel. *Paris,* 1655. *in* 4.

　　1791 Traité de la fucceffion à la Couronne, ou la Couronne de France toujours fucceffive linéale agnatique, par le Grand. *Paris,* 1728. *in* 12.

1　8　1792 Traité hiftorique & chronologique du Sacre & Couronnement des Rois, par Menin. *Paris,* 1723. *in* 12.

5　3　1793 L'Hiftoire des François, trad. de S. Gregoire de Tours, par Marolles. *Paris,* 1668. 2 *vol. in* 8.

5　1　1794 Les Annales & Chroniques de France, par Belleforêt. *Paris,* 1579. 2 *vol. in fol.*

14　1795 Annales de la Monarchie françoife, par Limiers. *Amft.* 1724. 3 *tom. en un vol. in fol.* figures.

　　1796 L'Empire françois, ou l'Hiftoire des Conquêtes des Roïaumes dont il eft compofé, par Laurent Turquoys. *Orleans,* 1651. *in fol.*

1　1　1797 La grande Monarchie de France, par Claude de Seyfel. *Paris,* 1557. *in* 8.

1　1798 La véritable origine de la deuxieme & troifieme lignée de la Maifon de France, par d

Bouchet. *Paris* , 1646. *in folio* , *figures.*

1799 Hiſtoire des Révolutions de France , par la 6   12
Hode. *La Haye* , 1738. *in 4.*

1800 Hiſtoria delle Revolutioni di Francia , con la
continuatione della guerra tra le due Corone,
del Gualdo Priorato. *in fol.*

1801 Abregé de l'Hiſtoire de France , avec les por- 3   10
traits des Rois. *Paris* , 1585. *in fol.*

1802 Les Portraits des Rois de France , depuis
Pharamond juſqu'à Louis XV , gravés par de
Larmeſſin. *Paris* , 1714. *in 4.*

1803 Hiſtoire de France , par Mezeray. *Paris* , 39   19
1685. 3 *vol. in fol.* 30

1804 Abregé chronologique de l'Hiſtoire de 4   8
France , ſous les Regnes de Louis XIII & XIV ,
pour ſervir de ſuite à Mezeray. *Amſt.* 1727.
3 *vol. in* 12.

1805 Abregé de l'Hiſtoire de France , depuis l'é- 11   19
tabliſſement de la Monarchie françoiſe dans les
Gaules , par le P. Daniel. *Paris* , 1724. 9 *vol.*
in 12.

1806 Hiſtoire de France , depuis l'établiſſement 55   19
de la Monarchie françoiſe dans les Gaules , par
le P. Daniel. *Paris* , 1729. 10 *vol. in 4.*

1807 Abregé de l'Hiſtoire de France , par Boſſuet. 6   12
Paris , 1747. 4 *vol. in* 12.

1808 Hiſtoire du Regne de Charlemagne , par M.
de la Bruere. *Paris* , 1745. 2 *tom. en un vol.*
in 12.   2

1809 Hiſtoire de Suger , Abbé de S. Denis. *La*
Haye , 1730. 3 *vol. in* 12.

1810 L'Heritiere de Guienne , ou Hiſtoire d'Eleo- 10
nore , par de Larrey. *Rotterd.* 1691. *in* 12.

1811 Journal de la Vie de S. Louis , par Boulain- 2   1
villiers. 2 *vol. in* 4. *MſJ.*

1812 La Vie de S. Louis, par l'Abbé de Choisy. *Paris*, 1690. *in* 4.

1813 Hiftoire des Démêlés du Pape Boniface VIII avec Philippe le Bel, par Adrien Baillet. *Paris*, 1718. *in* 12. *m. r.*

1814 Hiftoire de Philippe de Valois, & du Roi Jean, par l'Abbé de Choify. *Paris*, 1690. *in* 4.

1815 Hiftoire de Bertrand du Guefclin, par Paul Hay de Chaftelet. *Paris*, 1666. *in fol.*

1816 Hiftoire de Charles V, par l'Abbé de Choify. *Paris*, 1689. *in* 4.

1817 Hiftoire & Chronique de J. Froiffart. *Lyon, de Tournes.* 1559. *in fol.*

1818 Chronique d'Anguerand de Monftrelet. *Paris*, 1572. *in fol.*

1819 Hiftoire de Jean de Boucicaut, par T. Godefroy. *Paris*, 1620. *in* 4.

1820 Hiftoire de Charles VI, par l'Abbé de Choify. *Paris*, 1695. *in* 4.

1821 Mémoires pour fervir à l'Hiftoire de France & de Bourgogne, contenant un Journal de Paris fous les Regnes de Charles VI & Charles VII. *Paris*, 1729. *in* 4.

1822 Hiftoire d'Artus III, Duc de Bretagne, & Connétable de France, par T. Godefroy. *Paris*, 1622. *in* 4.

1823 Hiftoire de Jeanne d'Arc, dite la Pucelle, par l'Abbé Lenglet du Frefnoy. *Paris*, 1753. *in* 12.

1824 Hiftoire de Louis XI, par M. Duclos. *La Haye*, 1746. 3 *vol. in* 12.

1825 Mémoires de Philippe de Commines, avec les notes de Godefroy, augm. par l'Abbé Lenglet. *Paris*, 1747. 4 *vol. in* 4.

1826 Hiftoire du Chevalier Bayard, par Godefroy. *Paris*, 1619. *in* 4.

1827 Lettres du Roi Louis XII , & du Cardinal
d'Amboise. *Bruxelles* , 1712. 4 *vol. in* 12. *fig.*

1828 Vie du Cardinal d'Amboise , par le Gendre.
Amst. 1726. 2 *vol. in* 12.

1829 Histoire de la Ligue faite à Cambray , con-
tre la République de Venise , par Dubos. *Paris* ,
1728. 2 *vol. in* 12.

1830 Mémoires de Fr. de Boivin , Baron du Villars ,
augm. par Malingre. *Paris* , 1630. 2 *vol. in* 8.

1831 La Vie de Gaspard de Coligny , Amiral de
France. *Cologne* , 1691. *in* 12.

1832 Discours merveilleux de la vie & actions de
Catherine de Médicis. *Holl.* 1663 . . . . Histoire
de la Vie de la Reine Christine de Suede , avec
la défense du Marquis de Monaldeschi. *Stockh.*
1677. *in* 12.

1833 Histoire des Troubles & des Guerres civiles ,
arrivés de notre tems au sujet de la Religion ,
par le Frere de Laval. *Paris* , 1574. *in* 12.

1834 Histoire de France , par de la Popeliniere.
Paris , 1581. 2 *vol. in fol. m. r.*

1835 Histoire universelle de Theodore Agrippa
d'Aubigné. *Maillé* , 1616. *in fol.*

1836 Commentaires de Blaise de Montluc. *Paris* ,
1662. 2 *vol. in* 12.

1837 Mémoires de Gaspard de Saulx de Tavannes.
in fol.

1838 Les Mémoires de Martin du Bellay de Langei.
Paris , 1582. *in fol.*

1839 Mémoires de l'Etat de France sous Charles IX.
Meidelbourg , 1577. 3 *vol. in* 8.

1840 Les Heures françoises , ou les Vêpres de
Sicile , & les Matines de la S. Barthelemi. *Amst.*
1690. *in* 12.

1841 Lettres de Paul de Foix , au Roi Henri III.
Paris , 1628. *in* 4.

1842 Le Cabinet du Roi de France, dans lequel il y a trois perles précieuses d'inestimable valeur, par Froumenteau. 1581. *in* 8. 6

1843 Journal des choses mémorables avenues durant le Regne d'Henri III, par de l'Etoile. *Col.* 1720. 4 *tom. en* 2 *vol. in* 8. *fig.*

1844 Description de l'Isle des Hermaphrodytes, pour servir de suite au Journal de Henri III. *Cologne*, 1724. *in* 8. *fig.*

1845 Histoire de la prise d'Auxerre par les Huguenots, & de sa délivrance en 1576. *in* 8.

1846 La legende de Charles, Cardinal de Lorraine, & de ses Freres, de la Maison de Guise, par François de l'Isle. *Reims*, 1576 ... Notable & sommaire discours de l'état des affaires de France, depuis l'Edit de pacification du mois de Mai 1576. *Reims*, 1577 ... Rerum in Arvernia gestarum, præcipuè in Amberti & Isodi urbium obsidionibus, anno 1577, luctuosa Narratio. *Neoburgi*, 1577. *in* 8.

1847 Le Reveil-matin des François & de leurs Voisins, par Eusebe Philadelphe. *Edimbourg*, 1574. *in* 8.

1848 Recueil de Mémoires sur l'Histoire de France. (Arrêts de J. Cœur), par Jean de Lannel. *Paris*, 1623. *in* 4.

1849 Satyre Menipée, avec les notes de le Duchat. *Ratisbonne*, 1714. 3 *vol. in* 8.

1850 Sermons de la simulée conversion, & nullité de la prétendue absolution de Henri IV, par J. Boucher. *Paris*, 1694. *in* 8. 3

1851 Apologie pour Jean Chastel, par F. de Verone. 1595. *in* 8. *m. v.* ♄:

1852 Mémoires de la Ligue, par Simon Goular. 1590. 6 *vol. in* 8. 30

1853 Mémoires de la Reine Marguerite. *Paris*, 1661. *in* 12. 10:

1854 Chronologie septenaire, par Victor Cayet.
Paris, 1599. *in* 8.

1855 Mémoires d'Etat sous Henri III & Henri IV,
par de Chiverny. *La Haye*, 1669. 2 *vol. in* 12.

1856 Mémoires du Duc d'Angoulême, pour ser-
vir à l'Histoire d'Henri III & d'Henri IV. *Paris*,
1696. *in* 12.

1857 Mémoires d'Etat, par de Villeroy. *Amsterd.*
1725. 7 *vol. in* 12.

1858 Histoire universelle de Jacques Auguste de
Thou. *Londres*, 1734. 16 *vol. in* 4.

1859 Journal du Regne de Henri IV, par de l'E-
toille. 1736. 2 *vol. in* 8. *fig.*

1860 Mémoires pour servir à l'Histoire de France
depuis 1515, jusqu'en 1611, par de l'Etoille.
Col. 1719. 2 *vol. in* 8. *fig.*

1861 Recueil de Pieces servant à l'Histoire ; dont
discours d'une trahison tramée contre Henri IV.
Cologne, 1663. *in* 12.

1862 Recueil de Pieces, tant imp. que manusc.
concernant l'Histoire de France ; dont le Procès
de Ravaillac, &c. *in* 4.

1863 Mémoires, ou Œconomies roïales d'Etat,
par de Sully. *Amst.* 1725. 12 *vol. in* 12. *v. f.*

1864 Mémoires de Maximilien de Bethune, Duc
de Sully, publiés par M. de l'Ecluse. *Londres*,
1747. 3 *vol. in* 4.

1865 Observations sur la nouvelle édition des Mé-
moires de Sully. *La Haye*, 1747. *in* 12.

1866 Lettres du Cardinal d'Ossat, avec des notes
historiques & politiques d'Amelot de la Hous-
saie. *Amst.* 1708. 5 *vol. in* 12.

1867 Mémoires du Duc de Nevers. *Paris*, 1665.
2 *vol. in fol.*

1868 Mémoires de la Vie de Frederic Maurice de

la Tour d'Auvergne, Duc de Bouillon, par de Langlade. *Paris*, 1692. *in* 12. 1.

1869 Hiſtoire d'Henri de la Tour d'Auvergne, Duc de Bouillon, par Marſolier. *Paris*, 1719. 3 *vol. in* 12.

1870 Hiſtoire de la Vie de Philippe de Mornay. *Leide*, 1647. *in* 4.

1871 Mémoire & Lettres de Philippe de Mornay. *Amſt.* 1652. 4. *vol in* 4.

1872 Hiſtoire du Connétable Leſdiguieres, par Videl. *Paris*, 1638. *in fol.*

1873 Mémoires du Duc de Rohan, avec ſes Voïages. *Paris*, 1661. 2 *vol. in* 12.

1874 Recueil des Pieces les plus curieuſes qui ont été faites pendant le regne du Connétable de Luyne. 1624. *in* 8.

1875 Hiſtoire de la Mere & du Fils, par Mezeray. *Amſt.* 1730. 2 *vol. in* 12.

1876 Mémoires d'Etat, contenant les choſes plus remarquables arrivées ſous la Regence de Marie de Médicis, par François Annibal, Duc d'Etrées. *Paris*, 1666. *in* 12.

1877 Mémoires de Baſſompierre. *Amſt.* 1723. 4 *vol. in* 12.

1878 Ambaſſades du même en Eſpagne & en Suiſſe. *Cologne*, 1668. 2 *vol. in* 12.

1879 Recueil de Pieces concernant l'Hiſtoire de France, depuis 1588 juſqu'en 1630.; dont Lettres patentes en faveur du Card. de Bourbon. *in* 8.

1880 Hiſtoire de Louis XIII, par le Vaſſor. *Amſt.* 1750. 19 *vol. in* 12.

1881 Hiſtoire du Maréchal de Toiras, par Baudier. *Paris*, 1644. *in fol: g. p.*

1882 Mémoires de Henri, dernier Duc de Montmorency. *Paris*, 1665. *in* 12.

1884

1883 La Vie du Cardinal de Richelieu, par le Clerc. *Amst.* 1714. 2 *vol. in* 12.

1884 Histoire du Ministere du même Cardinal, par Aubery. *Leide*, 1652. 2 *vol. in* 12.

1885 Anecdotes du Ministere du même Cardinal, par Valdori. *Amst.* 1717. 2 *vol. in* 12.

1886 Mémoires pour servir à l'Histoire du même, par Aubery. *Cologne*, 1667. 6 *vol. in* 12.

1887 Lettres du même Cardinal. *Holl.* 1696. 2 *vol. in* 12.

1888 Parallele des Cardinaux Richelieu & Mazarin, par Richard. *Paris*, 1716. *in* 12.

1889 Mémoires de Montchal, cont. des particularités de la Vie & du Ministere du Cardinal de Richelieu. *Rotterd.* 1718. 2 *vol. in* 12.

1890 Mémoires de B... Secretaire du Card. de Richelieu. *Amst.* 1711. 2 *vol. in* 12.

1891 Le Véritable P. Joseph Capucin, par Richard. *S. Jean de Maurienne*, 1704. *in* 12.

1892 Histoire de la Vie du P. Joseph du Tremblay, par l'Abbé Richard. *Paris*, 1702. 2 *vol. in* 12.

1893 Mémoires du Duc d'Orléans, contenant ce qui s'est passé en France depuis 1608, jusqu'en 1636. *Amst.* 1685. *in* 12.

1894 Mémoires de Montresor. *Cologne*, 1723. 2 *vol. in* 12.

1895 La Vie du Duc d'Espernon, par Guillaume Girard. *Amst.* 1736. 4 *vol. in* 12.

1896 Recueil de Mémoires & Instructions servant à l'Histoire de France, appellés Mémoires du Duc d'Espernon. *Paris*, 1626. *in* 4.

1897 Recueil de Pieces, concernant l'Histoire de France, depuis 1610 jusqu'en 1616, dont Anti-Coton, où Réfutation de la Lettre déclaratoire du P. Coton. 1610. *in* 8.

1898 Recueil de Pieces fugitives sur l'Histoire de

France, depuis 1631, jufqu'en 1637. *in* 8.

3 . . 13. 1899 Avantures du Baron de Fœnefte, par d'Aubigné. *Amft.* 1731. 2 *vol. in* 12.

2 . . 1. 1900 Mémoires de la Vie de Théodore Agrippa d'Aubigné, avec l'Hiftoire de Madame de Mucy. *Amft.* 1731. *in* 8.

1901 Diverfes Pieces, concernant la défenfe de la Reine Mere, par de Morgues de S. Germain. *in fol.*

2 . 16 {

1902 Recueil de Pieces, concernant la Reine Mere. 1634. *in fol.*

1 . . . 1903 Mémoires de M. de la Rochefoucault. *Colog.* 1672. *in* 12. *v. f.*

5 . . 17. 1904 Les Triomphes de Louis XIII, par Valdor. *Paris*, 1649. *in fol. fig. g. p.*

1 . . 18 1905 Mémoires de Robert Arnauld d'Andilly. *Hambourg*, 1734. 2 *tom. en un vol. in* 8.

1 . . 5 1906 Mémoires & réflexions fur les Evénemens du Regne de Louis XIV, par la Farre. *Amfterdam*, 1734. *in* 8.

4 . . 5 1907 Hiftoire de Louis XIV, par Peliffon. *Paris*, 1749. 3 *vol. in* 12.

1908 Effai de l'Hiftoire du Regne de Louis le Grand, par le Gendre. *Paris*, 1698. *in* 12.

1 . . 7 {

1909 Hiftoire abregée de Louis XIV, par Buffy Rabutin. *Paris*, 1699. *in* 12.

17 . . 1910 Hiftoire du Regne de Louis XIV, par Reboulet. *Avignon*, 1742. 3 *vol. in* 4.

1911 Le Sacre & Couronnement de Louis XIV. *Paris*, 1720. *in* 12.

18 {

1912 Remarques fur le Gouvernement du Roïaume fous le Regne de Henri IV, de Louis XIII & de Louis XIV. *Cologne*, 1688. *in* 12.

1 . . 9. 1913 Hiftoire du Maréchal de Chatillon, par de Calliere. *Paris*, 1661. *in fol.*

5 . . 8. 1914 La Vie du Maréchal de Gaffion, par de Pure. *Paris*, 1673. 4 *vol. in* 12.

1915 Histoire du Maréchal de Guébriant, par le Laboureur. *Paris*, 1657. *in fol.*

1916 Les Mémoires du Duc de Guise. *Paris*, 1668. *in* 12.

1917 Journal contenant ce qui s'est fait & passé en la Cour du Parlement de Paris en 1648 & 1649. *Paris*, 1649. *in* 4.

1918 Journal de l'Assemblée de la Noblesse, tenue à Paris en 1651. *in* 4.

1919 Histoire du Cardinal Mazarin, par Aubery. *Amst.* 1751. 4 *vol. in* 12.

1920 Histoire du Ministere du Cardinal Mazarin. *La Haye*, 1710. 2 *vol. in* 12.

1921 Lettres du Cardinal Mazarin, où l'on voit le secret de la Négociation de la paix des Pyrenées. *Amst.* 1694. *in* 12.

1922 Recueil de Pieces sur l'Histoire de France, appellées *Mazarinades*. 20 *vol. in* 4.

1923 Jugement de tout ce qui a été imprimé contre le Cardinal Mazarin, par G. Naudé. (718 pages) *in* 4.

1924 Mémoires du Cardinal de Retz. *Amst.* 1718. 5 *vol. in* 12.

1925 Mémoires de Joly. *Rotterdam*, 1718. 2 *vol. in* 12.

1926 Avis sincere d'un Evêque pieux, adressé au Cardinal de Retz. 1655. *in fol.*

1927 Mémoires de Madame la Duchesse de Nemours. *Cologne*, 1719. *in* 12.

1928 Mémoires de Mademoiselle de Montpensier. *Amst.* 1735. 8 *vol. in* 12.

1929 La Vie d'Anne Genevieve de Bourbon Duchesse de Longueville. *Amst.* 1739. 2 *vol. in* 12.

1930 Mémoires de Pontis, par Dufossez. *Amst.* 1694. 2 *vol. in* 12.

1931 Mémoires du Comte de Brienne. *Amsterd.* 1719. 3 *vol. in* 12.

1932 Histoire des Démêlés de la Cour de France avec la Cour de Rome, au sujet de l'Affaire des Corses, par Regnier Desmarais. 1707. *in* 4. *fig.*

1933 Mémoires de Roger de Rabutin, Comte de Bussy. *Paris,* 1704. 3 *vol. in* 12.

1934 Lettres de Messire Roger de Rabutin, Comte de Bussy *Paris,* 1706. 6 *vol. in* 12.

1935 La Vie du Vicomte de Turenne, par Dubuisson. *Cologne,* 1687. *in* 12.

1936 Histoire du Vicomte de Turenne, par Ramsay. *Paris,* 1735. 2 *vol. in* 4.

1937 Mémoires d'Artagnan, par des Courtilz. *Cologne,* 1701. 3 *vol. in* 12.

1938 Mémoires de Gaspard, Comte de Chavagnac. *Amsterdam,* 1701. *in* 12.

1939 Recueil des Pieces du Procès de M. Fouquet. 1665. 15 *vol. in* 12.

1940 Mémoires du Duc de Navailles & de la Valette. *Amst.* 1701. *in* 12.

1941 Mémoires de Lenet, contenant les Guerres civiles de 1649, & années suiv. 1729. 2 *vol. in* 12.

1942 Mémoires de Gouville, depuis 1646 jusqu'en 1702. 2 *vol. in* 4. *Manuscrits.*

1943 Histoire du Traité de paix conclue sur les Frontieres d'Espagne. *Cologne,* 1665. *in* 12.

1944 Négociations à la Cour de Rome, & en différentes Cours de l'Europe, par M. Arnauld Abbé de S. Nicolas. 1748. 5 *vol. in* 12.

1945 Histoire de la vie & des actions de Louis Bourbon, Prince de Condé. *Col.* 1694. *in* 12.

1946 Lettres historiques de Pellisson. *Paris,* 1729. 3 *vol. in* 12.

1947 Mémoires de Rochefort, par Gratien Courtilz. *La Haye,* 1691. *in* 12.

1948 Lettres & Réponses au sujet de la Ligue
d'Ausbourg. *Amst.* 1689. *in* 12.
1949 La Vie de J. B. Colbert, Ministre d'Etat.
Cologne, 1696. *in* 12.   1 - - 7.

1950 Testament politique du Marq. de Louvois, 12.
par Gratien Sandras des Courtilz. *Cologne*,
1695. *in* 12.

1951 L'Ombre du Marquis de Louvois, consul- 1
tée par Louis XIV. *Cologne*, 1692. *in* 12.

1952 Recueil des Testamens politiques du Duc 6 - 16
de Lorraine, de Richelieu, Colbert & Louvois.
Amst. 1749. 4 *vol. in* 12.

1952 * Le Marquis de Louvois sur la Sellette cri- 1 - 18
minelle. *Cologne*, 1695. *in* 12.

1953 Mémoires de François de Paule de Cler- 3 - 7.
mont, Marquis de Monglat. *Amst.* 1727. 4 *vol.*
in 12.

1954 Les Campagnes du Duc de Vendôme, 1 - 10.
par le Chevalier de Bellerive. *Paris*, 1715.
in 12.

1955 Mémoires du Marquis de Chouppes. *Paris*, 1 - 11.
1753. *in* 12.

1956 Mémoires du Maréchal de Tourville. *Amst.* 6 - 12.
1742. 3 *vol. in* 12.

1957 Mémoires du Comte de Forbin. *Amst.* 1730. 2 - 13.
2 *vol. in* 12.

1958 Mémoires de du Gué-Trouin. *Amst.* 1730. 1 - 9.
in 8.

1959 Recueil historique, contenant diverses Pie-
ces de ce tems. *Cologne*, 1666. *in* 12.   2 -
1960 Recueil de Pieces curieuses, pour servir à
l'Histoire dont réponse aux Mémoires de la
Chastre. *Cologne*, 1664. *in* 12.

1961 Le Bouclier d'Etat & de justice, contre le 1 - 10.
dessein de la Monarchie universelle. 1667.
in 12.

1 · · · 1962 Mémoires du Duc de Navailles & de la Valette. *Paris*, 1701. *in* 12.

1963 Mémoires du Duc de Montaufier. *Rotterd.* 1731. *in* 12.

2 · · 3 1964 Mémoires du Maréchal de Gramont. *Paris*, 1716. 2 *vol. in* 12.

19 1965 Les Entretiens familiers des Animaux parlans. *Amst.* 1672. *in* 12.

1 · · 12 1966 Mémoires de J. B. de la Fontaine. *Cologne*, 1699. *in* 12.

7 · · 4 1967 Histoire du Siege de Toulon, par de Vifé, *Paris*, 1707. *in* 4.

1 · · 19 1968 La France en décadence, par la réduction des deux importantes Places de Namur & Cafal. *Cologne*, 1695. *in* 12.

1 · · 1969 La Campagne de Namur. *La Haye*, 1695. *in* 8.

1970 Entretiens du Maréchal de Luxembourg, de l'Archevêque de Paris aux Champs Elifées, fur la prife de Namur. *Cologne*, 1695. *in* 12.

1 · · · 1971 Difcours touchant les prétentions de la France fur les Places de Condé, Linck, &c. *La Haye*, 1670… Luxembourg apparu à Louis XIV, la veille des Rois. *Cologne*, 1695… Dialogues entre les Cardinaux Richelieu & Mazarin. *Cologne*, 1700, &c. *in* 12.

· · 12 1972 Les Affaires qui font aujourd'hui entre les Maifons de France & d'Autriche. *Paris*, 1662. *in* 12.

· · 1 1973 La France fans bornes. *Cologne*, 1684… Le Miroir des Princes, ou le dénouement des intrigues les plus fecretes des Cours de l'Europe. *Cologne*, 1684… Difcours fur l'état préfent de l'Europe. 1674… Nouvelles prédictions de la deftinée des Princes & des Etats du Monde. *Venife*, 1688. *in* 12.

1974 Déduction des Maximes de la France. *An-*   1 - 2
vers, 1684... Dialogues de Genes & d'Alger,
Villes foudroïées par Louis le Grand. *Amst.*
1684... L'Infraction supposée, ou Discours
sur le Siege de Charleroi. *Villefranche*, 1678.
in 12.

1975 Le véritable Tableau de la France, atta-   1 - 13
qué par les Puissances de l'Europe, sous le Re-
gne de Louis XIV. *Cologne*, 1690... La Fran-
ce toujours ambitieuse & toujours perfide. *Ra-*
tisbonne, 1689. *in* 12.

1976 Le Politique du tems, ou le Conseil fidele   - 10
sur les mouvemens de la France. *Charleville*,
1671. *in* 12.

1977 Fausses démarches de la France sur la Né-   - 12
gociation de la Paix, pour le Traité conclu à Aix-
la-Chapelle en 1668, avec la suite... Relation
de Madrid, ou Remarques sur les Mœurs de
ses Habitans. *Cologne*, 1665. *in* 12.

1978 Mémoires de tout ce qui s'est passé de plus   7 - 8
considérable sur Mer, durant la guerre avec la
France, depuis l'an 1688, jusqu'à la fin de
1697, par Burchett. *Amst.* 1704. *in* 12.

1979 Lettres, Mémoires & Actes, concernant   3 - 7
la Guerre présente, par de la Chapelle. *Basle*,
1703. & *suiv.* 8 *vol. in* 12.

1980 Annales de la Cour & de Paris, pour les
années 1697 & 1698, par Gatien Sandras des
Courtilz. *Amst.* 1706. 2 *tom. en un vol. in* 12.   2 - 19
1981 La Confession réciproque de Louis XIV &
du P. la Chaise. *Cologne*, 1693. *in* 12.

1982 Lettres de Louis XIV au Comte de Briord.
La Haye, 1728. *in* 12.

1983 Recueil de diverses Pieces, touchant les   1 - 10
Préliminaires de Paix. *Paris*, 1709. *in* 12.

1984 Relation de la conduite présente de la Cour
de France. 1664. *in* 12.

2..8 1985 L'Esprit de la France, & les Maximes de Louis XIV. *Cologne*, 1688. *in* 12.

8..19 1986 Pieces fugitives concernant l'Histoire de France. *Mss. in fol.*

4..14 1987 Recherches historiques & Pieces curieuses pour les deux derniers siecles de l'Histoire de France. *Mss. in fol.*

2..8. 1988 Recueil de Pieces concernant l'Histoire de France, depuis 1624 jusqu'en 1727. 2 *vol. in* 4.

1..5 1989 Mémoires du Marquis de Montbrun. *Amst.* 1701. *in* 12. *fig.*

1990 Détail de la France sous le Regne présent, par Boisguilbert. *Brux.* 1712. 2 *vol. in* 12.

4..3. 1991 Mémoires sur la Guerre, par M. de Feuquieres. 1735. 3 *vol. in* 12.

1..5. 1992 Histoire de Mademoiselle de la Charce. *Paris*, 1731. *in* 12.

--.10 1993 Recueil des Vertus de Louis de Bourbon, Dauphin de France, par Martineau. *Paris*, 1712. *in* 12.

--10 1994 Les Fastes des Rois de la Maison d'Orléans, & de celle de Bourbon, depuis 1497 jusqu'en 1697. *Paris*, 1697. *in* 8.

1995 Recueil de Pieces touchant l'affaire des Princes légitimés. *in fol.*

2.. 1996 Mémoire concernant les Princes légitimés. *Mss. in* 4.

6..12. 1997 Recueil général de Pieces, touchant l'affaire des Princes légitimés & légitimes. *Rott.* 1717. 4 *vol. in* 12.

6..19. 1998 Recueil de Pieces, concernant les différends des Pairs de France, avec les Présidens à Mortiers du Parlement de Paris. *Paris*, 1716. *in fol.*

4..18.1999 Journal historique, contenant une Relation exacte.

exacte de l'avénement de Louis XV à la Cou-
ronne. *Paris*, 1715. *in* 12.

2000 Mémoires de la Régence. *La Haye*, 1729.   4 - - 12 -
3 *vol. in* 12. *fig.*

2001 Extrait des Regiſtres du Parlement, le Roi
ſéant en ſon Lit de Juſtice, en Février 1723.   7 - - 9
in 4.

2002 Journal hiſtorique du premier voïage du
Roi à Compiégne, par Daudet. *Paris*, 1729.
in 12.

2003 Mémoires du Duc de Villars. *Amſt.* 1736.   6 - -
3 *vol. in* 12.

2004 Mémoires du Maréchal de Berwick. *Lond.*   2 - - 7 -
1738. *in* 12.

2005 Relation de l'Ambaſſade de Mehemet Ef-   10 -
fendy en France, en 1720. *in fol. Mſſ.*

2006 Mémoires de M. l'Abbé de Montgon. 1748.   14 - - 1 -
9 *vol. in* 12. 6.

2007 Lettres & négociations de Vanhoey. *Lon-*   1 - - 2
dres, 1743. *in* 12.

2008 Théâtre de la Guerre en Allemagne, con-   3 - -
tenant toutes les opérations militaires des Cam-
pagnes de 1733, 34 & 35. Les Plans des Sié-
ges & des Camps, par le Rouge. *Paris*, 1741.
in 4. *obl.*

2009 Journal du Siege de Prague, par de Tan-   7 - - 19
queue. *Mſſ. in* 4.

2010 Calendrier général de la Flandre, du Bra-   1 - - -
bant & des Conquêtes du Roi. *Paris*, 1748.
in 12.

2011 L'Europe pacifiée par l'équité de la Reine   - - - 16 -
de Hongrie, ou diſtribution légale de la ſuc-
ceſſion d'Autriche, par l'Abbé Lenglet du Freſ-
noy. *Brux.* 1745. *in* 12.

2012 Recueil de Pieces fugitives ſur l'Hiſtoire   2 - -
de France. 2 *vol. in* 4.

2013 Abregé de la Carte du Militaire de France, par Lemau de la Jaiſſe. *Paris*, 1734. *in* 8.

2014 Etat général du Militaire de France, en 1745 & 1746. 2 *vol. in* 12. *Manuſc. m. r.*

HISTOIRE DES PROVINCES & VILLES DE FRANCE.

2015 Dictionnaire univerſel de la France ancienne & moderne. *Paris*, 1726. 3 *vol. in fol.*

2016 Dénombrement du Roïaume par Généralités, Elections, Paroiſſes & Feux. *Paris*, 1709. 2 *vol. in* 12.

2017 Nouveau Guide des Chemins du Roïaume de France, par Daudet. *Paris*, 1724. *in* 12.

2018 Collections ſur les Provinces du Roïaume de France, par Dangeau. 3 *vol. in fol. Mſſ.6.*

2019 Mémoires ſur les Généralités du Roïaume, 26 *vol. in fol & in* 4. *Mſſ. 40.*

2020 Recueil de Pieces générales, concernant la la Police du Roïaume. *in* 4.

2021 Les Antiquités & recherches des Villes & Châteaux de France, par Ducheſne. *Paris*, 1638. *in* 8.

2022 Cours des principaux Fleuves & Rivieres de l'Europe, compoſé & imprimé par Louis XV, Roi de France en 1718. *in* 8.

2023 Regiſtres contenant les vingt-quatre Quartiers de Paris par ordre d'ancienneté. 1711. *in fol.*

2024 Gouverneurs, Lieutenans de Roi, Prevôts des Marchands, Echevins, Procureurs, Avocats du Roi, Greffiers, Receveurs, Conſeillers & Quartiniers de la Ville de Paris, depuis 1345 juſqu'en 1740, avec leurs Armes gravées en taille-douce, par de Beaumont. *in fol. m. r.*

2025 Les Antiquités de Paris, par Sauval. *Paris*,
1724. *3 vol. in fol. g. p.*

2026 Histoire de la Ville de Paris, par Felibien
& Lobineau. *Paris*, 1725. *5 vol. in fol. fig.*

2027 Carte & description de la Ville de Paris,
par Quartier. *Mss. in fol.*

2028 Description de Paris, par Germ. Brice. *Paris*,
1713. *3 vol. in 12. m. r.*

2029 Abregé des Annales de Paris. *Paris*, 1709.
in 12.

2030 Les Curiosités de Paris, de Versailles,
de Marly, de Vincennes, de Saint Cloud,
& des Environs. *Paris*, 1718. *2 vol. in 12.*
fig.

2031 Essais historiques sur Paris, par M. de Sainte-
Foix. *Londres*, 1754. *in 12. d. s. t.*

2032 Mémorial de Paris & de ses Environs, par
Antonini. *Paris*, 1749. *2 vol. in 12.*

2033 Nouvelle description des Châteaux & Parcs
de Versailles & de Marly, par Piganiol de la
Force. *Paris*, 1701. *in 12. fig.*

2034 Description des grandes Cascades de Sainte
Cloud, par Harcouet de Longueville. *Paris*,
1706. *in 12.*

2035 Le Trésor des Merveilles de la Maison
roïale de Fontainebleau, par Pierre Dan. *Pa-
ris*, 1642. *in fol. fig.*

2036 Description de Fontainebleau, par Guilbert.
Paris, 1731. *2 vol. in 12.*

2037 L'illustre Compiégne, Lettre à Madame
D***, par Fleury de Fremicourt. *Paris*, 1698.
in 12.

2038 Etat de la Forêt de Compiégne, avec la
Carte. *Paris*, 1739. *in 12.*

2039 Traité historique de la mouvance de la
Bretagne, par de Vertot. *Paris*, 1710. *in 12.*

2040 Réponse au Traité de la Mouvance de Bretagne. *Nantes*, 1712. *in* 8.

2041 Histoire critique de l'établissement des Bretons dans les Gaules, par de Vertot. *Paris*, 1720. 2 *vol. in* 12.

2042 Histoire de Bretagne, par Lobineau. *Paris*, 1707. 2 *vol. in fol. fig.*

2043 Histoire de Bretagne, avec les preuves, par D. Maurice. *Paris*, 1742. *& suiv.* 3 *vol. in fol. g. p. m. r.*

2044 Projet de la Conquête du Comté de Bourgogne. *Mss. in fol.*

2045 L'Histoire des Ducs de Bourgogne, par Fabert. *Cologne*, 1687. *in* 12.

2046 Projet d'un Canal en Bourgogne pour la communication des deux Mers, par de la Jonchere. *Dijon*, 1718. *in* 12. *m. r.*

2047 Traité en forme d'abregé de l'Histoire d'Aquitaine, Guyenne & Gascogne, par P. Louvet. *Bordeaux.* 1659. *in* 4.

2048 Histoire des Dauphins François, & des Princesses qui ont porté en France la qualité de Dauphines. *Paris*, 1713. *in* 12.

2049 Histoire générale de Dauphiné, par Chorier, *Grenoble*, 1661. *in fol.*

2050 La même. *Lyon*, 1672. *in fol.*

2051 Pieces fugitives concernant la révolte des Catalans en 1640, *tant imp. que manusc. in fol.*

2052 Pieces fugitives, concernant la révolte des Catalans, en 1640. *in* 4.

2053 Histoire générale du Languedoc, par Dom Vaissette. *Paris*, 1730. *& suiv.* 5 *vol. in fol.* figures. 24.

2054 Abregé de l'Histoire générale de Languedoc, par Dom Vaissette. *Paris*, 1749. 6 *vol. in* 12.

2055 Le Franc-Aleu de la Province de Languedoc. *Toulouse*, 1645. *in fol.*

2056 L'Histoire de la ville de Nismes & de ses Antiquités, par Gaultier. *Paris*, 1720. *in 8.*

2057 Histoire civile, ecclésiastique & littéraire de la ville de Nismes, par Menard. *Paris*, 1750. *in 4. fig. v. f.*

2058 Mémoire sur l'Alsace. *Mss. in 4.*

2059 Histoire générale du Hainaut, par Delewarde. *Mons*, 1718. 4 *vol. in 12.*

2060 Dénombrement de Valenciennes. *Mss. in fol.*

2061 Procès-verbal de là Noblesse de Champagne, par de Caumartin. *Châlons*, 1672. *in 8.*

2062 Mémoires pour l'Histoire de Navarre & de Flandres, par Galland. *Paris*, 1648. *in fol.*

2063 La Toscane françoise, par Tristan l'Hermite. *Paris*, 1661. *in 4.*

2064 Histoire de Berry, par la Taumassiere. *Bourges*, 1690. *in fol.*

2065 Chronique Bourdeloise, par Mongiron Milanges. *Bordeaux*, 1672. *in 4.*

2066 Mémoires, contenant ce qu'il y a de plus remarquable dans Villefranche. *Villefranche*, 1671. *in 4. fig.*

2067 Abregé de l'Histoire de la Souveraineté de Dombes, par de Neuveglise. *Thoissei*, 1696. *in fol.*

2068 Histoire & origine de la Maison de Lorraine, par le Laboureur. *Mss. in 4.*

2069 Testament politique de Charles V, Duc de Lorraine & de Bar. *Leipsic*, *in 12.*

2070 Histoire de Philippe Emmanuel de Lorraine, Duc de Mercœur. *Cologne*, 1689. *in 12.*

2071 Mémoires du Marquis de Beauvau, pour servir à l'Histoire de Charles IV, Duc de Lorraine & de Bar. *Cologne*, 1690. *in 12.*

MÉLANGE DE L'HISTOIRE
DE FRANCE.

1 - - - 4. 2072 Lettres à un Provincial, sur la justice des motifs de la guerre, par Garrigues de Froment. *Neuchatel*, 1745. *in* 12.

3 - - 3 2073 L'Etat de la France. *Paris*, 1727. 5 *volum. in* 12.

- - - 12 2074 Tablettes historiques & chronologiques des guerres de France. *Paris*, 1704. *in* 12. *obl.*

1 - - - 4. 2075 Le Théâtre de la guerre, avec tous les Campemens des Armées, & une Table pour trouver en un moment toutes les Villes & Bourgs qui y sont compris. *Amst. in* 8.

- - 18 2076 Mars françois, ou la guerre de France, par Alexandre Armacanus. 1637. *in* 12.

- - 24 2077 Examen de deux grandes questions; savoir, ce que le Roi de France fera au sujet de la Monarchie d'Espagne, & quelles mesures doit prendre l'Angleterre. *Londres*, 1701. *in* 12.

2078 Mémoires & Instructions pour servir dans les négociations & affaires, concernant les droits du Roi, par le Chancelier Seguier. *Paris*, 1665. *in* 12.

4 - 1. 2079 Etablissement du Parlement de Paris. *in fol. Mss.*

36 - - 3 2080 Traité des Ducs & Pairs de France, depuis 987 jusqu'en 1650, par Jerôme Bignon. 3 *vol. in fol. Mss.*

12 - - 13 2081 Les Parlemens de France, par de la Roche-Flavin. *Bordeaux*, 1617. *in fol.*

9 - - 1. 2082 Inventaires du Trésor des Chartes. 5 *vol. in fol. Mss.*

1 - - - - 2083 Le Cérémonial françois, par Théodore Godefroy. *Paris*, 1619. *in* 4.

2084 Le Cérémonial françois, par Denis Godefroy. *11 ·· ·17.*
Paris, 1649. *2 vol. in fol. g. p.*

2085 Les Offices de France, par Joly. *Paris,* *9 ·· —12.*
1638. *2 vol. in fol.*

2086 Histoire du Conseil du Roi, par Guillard. *3 ·· ·1.*
Paris, 1718. *in 4.*

2087 L'Amiral de France, par la Popeliniere. *1 ·· ·4.*
Paris, 1585. *in 4.*

2088 Le grand Aumônier de France, par Sebastien
Roulliard. *Paris*, 1607. *in 8. v. f.*
2089 Histoire chronologique de la grande Chancel- *18 ·· 18.*
lerie de France, par Tesserau. *Paris*, 1710. 2
vol. in fol. m. r.

2090 Histoire des Connétables, Chanceliers & *6 ·· ·*
Gardes des Sceaux de France, avec leurs blasons,
par Denis Godefroy. *Paris*, 1658. *in fol. g. p.*

2091 Traité de la Majorité de nos Rois, par Du- *1 ·· 11.*
puy. *Paris*, 1655. *in 4.*

2092 Recueil de Pieces concernant l'échange fait *3 ·· 17.*
entre le Roi & M. de Belle-Isle. *Paris*, 1719.
in 4. m. r.

2093 L'Apanage de S. A. R. M. le Duc d'Orléans, *6 ——*
par Pietre. *Paris*, 1656. *in 4.*

2094 Histoire du Parlement de Tournay, par *4 ·· 15.*
Mathieu Pinault. *Valenciennes*, 1701. *in 4.*

2095 Projet d'une Dixme roïale, par de Vauban.
1707. *in 12.*
2096 Réflexions sur le Traité de la Dixme roïale, *2 ·· 10*
de M. de Vauban. *Mss. in 4.*

2097 Histoire de la Milice françoise, par Daniel. *3 9 ·· ·*
Paris, 1721. *2 vol. in 4. fig. g. p.* *24 —*

HISTOIRE D'ALLEMAGNE
ET DES SUISSES.

2098 Discours historique de l'Election de l'Empereur, par Vicquefort. *Paris*, 1658. *in* 4.

2099 Le même. *Rouen*, 1711. *in* 12.

2100 Tableau de l'Empire germanique, par l'Abbé Desfontaine. *Paris*, 1742. *in* 12.

2101 La politique de la Maison d'Autriche, par Varillas. *Paris*, 1688. *in* 12.

2102 Mémoires de la Colonie, contenant les événemens de la guerre en 1692, jusqu'à la Bataille de Bellegrade, en 1717. *Bruxelles*, 1737. 2 *vol. in* 12.

2103 Mémoires de Montecuculi. *Paris*, 1712. *in* 12.

2104 Mémoires du Marquis de Maffei. *La Haye*, 1740. 2 *tom. en un vol. in* 12.

2105 Campagnes du Prince Eugene en Hongrie. *Lyon*, 1718. 2 *vol. in* 12.

2106 Mémoires du Comte de Bonneval. *La Haye*, 1738. 3 *vol. in* 12.

2107 L'Empereur & l'Empire trahis, par qui, & comment. *Cologne*, 1680. *in* 12.

2108 La défense des Etats de l'Empereur, situés entre le Rhin, la Meuse & la Moselle, contre les trompeuses propositions de la France. *Ratisb.* 1696. *in* 12.

2109 Mémoires & Négociations secretes en diverses Cours de l'Europe, par de la Torre. *La Haye*, 1721. 3 *vol. in* 12.

2110 Lettres de Messieurs d'Avaux & Servien, Ambassadeurs pour le Roi de France en Allemagne. 1650. *in* 12.

2111

2111 Mémoires & Négociations secretes de Bona-
venture, Comte d'Harracle, par de la Torre.
La Haye, 1720. 2 vol. in 12.

2112 Mémoire apologétique pour la Branche aînée
de la Maison de Hornes. Paris, 1722. in 8.

2113 Manifeste de S. A. E. de Baviere, avec la
Lettre de l'Electeur de Cologne à S. M. I. 1705.
in 8.

2114 Mémoires pour servir à l'Histoire de Brande-
bourg. in 12.

2115 Mémoires pour servir à l'Histoire de Brande-
bourg, par le Roi de Prusse. 1751. in 12.

2116 La Vie & actions mémorables de Christophe
Bernard Van Galen, Evêque de Munster. Rouen,
1679. in 12.

2117 L'Etat de la Suisse, écrit en 1714. trad. de
l'anglois. Amsterdam, 1714. in 8.

2118 Histoire militaire des Suisses au service de
France, par M. le Baron de Zur-Lauben. Paris,
1751. 8 vol. in 12.

2119 Reflexions critiques sur l'Etat de l'Allemagne
& de toute l'Europe. Amst. 1733. in 12.

HISTOIRE DES PAÏS-BAS.

2120 L'Erection de toutes les Familles & Sei-
gneuries du Brabant recueillies par le Roy.
Leide, 1699. in fol. g. p. fig.

2121 Mémoires de la Famille & de la Vie de
Madame ***. La Haye, 1710. in 12.

2122 Histoire de la Guerre de Flandre, trad. de
Strada, par du Ryer. Paris, 1644. 2 vol. in
fol. fig.

2123 Histoire abregée des Provinces-unies des
Païs-bas. Amst. 1701. in fol. fig.

2124 Introduction à la Révolution des Païs-bas,

& à l'Histoire des Provinces-unies. 1754. *in* 12. *m. r.*

1 - - - 2125 Mémoires pour servir à l'Histoire de Hollande, par Louis Aubery. *Paris*, 1688. 2 *vol. in* 12.

20 - - 19 2126 Annales des Provinces-unies, par Basnage. *La Haye*, 1719. 2 *vol. in fol.*

1 - - 10 2127 Histoire Métallique de la République de Hollande, par Bizot. *Paris*, 1687. *in fol.*

- - 10 2128 Lettre Mystique, touchant la Conspiration derniere. *Leide*, 1603... La Cabale mysterielle révélée par songe à J. Boucher. *in* 12.

- - - 10 2129 Avis fidele aux véritables Hollandois. 1673. *in* 12.

- - 10 2130 Le véritable Portrait de Guillaume de Nassau. *Bruxelles*, 1689... Comparaison de Pindare & d'Horace, par Blondel. *Amst.* 1686... Abregé de l'Histoire de Hollande. *La Haye*, 1688. *in* 12.

2131 Mémoires de Jean de Witt. *Ratisbonne*, 1709. *in* 8.

2132 Histoire de la vie & de la mort de Corneille & Jean de Witt. *Utrecht*, 1709. 2 *vol. in* 12. *figures.*

10 - 12 2133 Résolutions importantes des Etats de Hollande & de West-Frise, pendant le Ministere de Jean de Witt. *Amst.* 1725. *in* 12.

2134 Lettres & Négociations de Jean de Witt. *Amst.* 1725. 4 *vol. in* 12.

7 - - 19 2135 La Vie de Michel Ruitier, Amiral général de Hollande, trad. de Brandt. *Amsterd.* 1698. *in fol. fig.*

1 - - 1 2136 Mémoires du Comte de Guiche, concernant les Provinces-unies des Païs-bas. *Utrecht*, 1744. 2 *vol. in* 12.

2 - - 14 2137 Histoire du Stadhouderat, depuis son origine jusqu'à présent, par M. l'Abbé Raynal. 1750. 2 *tom. en un vol. in* 12.

2138 Histoire du Stadhouderat, par M. Raynal. *La Haye*, 1747 ... Histoire des différens sieges de Berg-op-Zoom. 1748 ... L'Heraclite Hollandois, ou les Soupirs de la Hollande. 1747 ... Lettre d'un Genois à son Correspondant à Amsterdam, par M. l'Abbé de la Ville. *Genes*, 1747. *in* 12.

2139 Essai historique & politique sur le Gouvernement présent de la Hollande. *Londres*, 1748. *in* 12.

HISTOIRE D'ANGLETERRE.

2140 Histoire d'Angleterre, par Rapin Thoyras. *La Haye*, 1749. 16 *vol. in* 4.

2141 Histoire de Guillaume le Conquérant, par l'Abbé Prévost. *Paris*, 1742. 2 *vol. in* 12.

2142 Histoire du divorce de Henri VIII Roi d'Angleterre , & de Catherine d'Arragon par le Grand. *Paris*, 1688. 3 *vol. in* 12.

2143 Histoire de la Réformation de l'Eglise d'Angleterre, trad. de l'Anglois de Burnet , par de Rosemond. *Amst.* 1687. 4 *vol. in* 12.

2144 L'Origine & progrès du Schisme d'Angleterre, trad. de Sanderus. 1587. *in* 8.

2145 Histoire du Parlement d'Angleterre, par M. l'Abbé Raynal. *Londres*, 1751. 2 *tom. en un vol. in* 12.

2146 Histoire entiere & véritable du Procès de Charles Stuart , Roi d'Angleterre. *Londres*, 1650. *in* 12.

2147 Codicilles, ou Présent roïal de Jacques I , Roi d'Angleterre. *Paris*, 1703. *in* 8.

2148 Narration véritable de l'exécrable Conspiration du Parti papiste. 1672 ... Défense du Parlement d'Angleterre dans la cause de Jacques II.

Rotterdam, 1692 ... Réflexions politiques sur un Livre intitulé *Parlamentum pacificum. Colon.* 1688. *in* 12.

2149 Histoire d'Olivier Cromwel, par Raguenet. *Utrecht*, 1692. 2 *vol. in* 12.

2150 Histoire de la Rébellion & des Guerres civiles d'Angleterre, par Clarendon. *La Haye*, 1704. 6 *vol. in* 12.

2151 Abregé de la Vie de Jacques II, Roi de la grande Bretagne, par Franç. Bretonneau. *Paris*, 1703. *in* 12.

2152 Mémoires pour servir à l'Histoire de la grande Bretagne, sous Charles II & Jacques II, trad. de l'Anglois de Burnet. *La Haye*, 1725. 6. *vol. in* 12.

2153 Histoire de Guillaume III, Roi de la grande Bretagne. *Amst.* 1703. 2 *vol. in* 12.

2154 Esprit politique, ou l'Histoire en abregé de Guillaume III de Nassau, Roi de la grande Bretagne. *Bruxelles*, 1697. *in* 12.

2155 Vie d'Anne Stuart, Reine d'Angleterre. *Rott.* 1716. *in* 12.

2156 La Vie du Général Duc d'Albermarle, &c. *Londres*, 1672. *in* 12.

2157 Histoire de Marie Stuart, Reine d'Ecosse & de France, par M. l'Abbé de Mably. *Londres*, 1742. 2 *vol. in* 12.

2158 Œuvres diverses de Richard Steele, sur les affaires de la grande Bretagne. *Amst.* 1715. *in* 8.

2159 Lettre à un Membre du Parlement, contenant un détail des dettes de la grande Bretagne, trad. de l'Anglois. *La Haye*, 1727. *in* 8.

2160 Le Procès entre la grande Bretagne & l'Espagne, par Rousset. *La Haye*, 1740. *in* 8.

2161 L'Angleterre aux prises avec elle-même. *Amst.* 1729. *in* 8.

2162 Boscobel, ou abregé de ce qui s'est passé — 10.
dans la retraite mémorable de Sa Majesté Britannique après la Bataille de Worcester. *Rouen*, 1676. *in* 12.

2163 Les Intérêts de l'Angleterre mal entendus
dans la guerre présente, par Dubos. *Amsterd.* 1703. *in* 12.

2164 Histoire secrete des intrigues de la France en — 10
diverses Cours de l'Europe. *Londres*, 1715. 3 *vol. in* 8.

2165 Lettres & Mémoires sur la conduite de la présente Guerre, & sur les négociations de Paix. *La Haye*, 1712. *in* 8.

2166 La Dunciade, ou l'Angleterre démasquée. *La Haye*, 1744. *in* 8.

2167 Mémoires de la Vie du Duc d'Ormond. *La Haye*, 1737. 2 *tom. en un vol. in* 8.

2168 Histoire de l'Expédition de l'Amiral Byng dans la Sicile. *Paris*, 1744. *in* 12.

HISTOIRE D'ESPAGNE
ET DE PORTUGAL.

2169 Histoire générale d'Espagne, trad. de Mariana, par Bellegarde. *Paris*, 1723. 9 *vol. in* 12.

2170 Histoire d'Espagne, trad. de Ferreras, par Hermilly. *Paris*, 1749. *& suiv.* 10 *volum. in* 4. *figures.*

2171 Mémoires de la Cour d'Espagne. *Mss. in fol.*

2172 Etat présent de l'Espagne, par de Vayrac. *Paris*, 1718. 4 *vol. in* 12.

2173 Histoire des deux Conquêtes d'Espagne par les Mores, trad. par D. Alexis Lobineau. *Paris*, 1708. *in* 12.

2174 Histoire de la Conquête d'Espagne par les

Mores , trad. de l'Esp. de Luna. *Paris* , 1680.
2 *vol. in* 12.

2175 La Politique de Ferdinand le Catholique ,
par Varillas. *Amst.* 1688. *in* 12.

2176 Histoire du Ministere du Cardinal Ximenez,
par Marsolier. *Toulouse* , 1693. *in* 12.

2177 Relation des différends arrivés en Espagne
entre D. Jean d'Autriche & le Card. Nitard.
Paris , 1677. 2 *vol. in* 12.

2178 Histoire secrete du Connétable de Lune.
Amst. 1730. *in* 12.

2179 Conduite des Cours de la grande Bretagne
& de l'Espagne. *Amst.* 1720. *in* 12.

2180 Réflexions sur une Lettre écrite d'Anvers,
sur les affaires d'Espagne. 1701. *in* 12.

2181 Mémoire touchant la succession à la Couronne
d'Espagne , trad. de l'Esp. 1711. *in* 8.

2182 Plainte catholique , adressée à Philippe IV,
Roi d'Espagne , par les Consuls & Conseils des
Cent de la ville de Barcelonne. *Amst.* 1641. *in* 4.

2183 Anecdotes du Ministere du Duc d'Olivares,
par Valdory. *Bruxelles* , 1722. *in* 12.

2184 La Vie du Duc de Ripperda. *Amst.* 1739.
2 *vol. in* 12.

2185 Histoire du Cardinal Alberoni. 1720. *in* 12.

2186 Entretiens, dans lesquels on traite des entre-
prises de l'Espagne , des prétentions du Cheva-
lier de S. George , & de la renonciation de S.
M. C. *La Haye* , 1719. *in* 8.

2187 Lettres de Filz - Moritz sur les affaires du
tems , trad. par de Garnesai. *Rotterdam* ,
1718. *in* 12.

2188 Histoire publique & secrete de la Cour de
Madrid. *Cologne* , 1719. *in* 12.

2189 Histoire de Portugal , trad. du Latin d'Osorius, par Goulart. *Paris*, 1581. *in* 8.

2190 Histoire générale de Portugal, par le Quien de la Neuville. *Paris*, 1700. 2 *vol. in* 4.

2191 Historia della Desunione del Regno di Portogallo dalla Corona di Castiglia, scritta dal G. Birago. *Amst.* 1647. *in* 8.

2192 Révolutions de Portugal, par Vertot. *Paris*, 1722. *in* 12.

2193 Histoire du Détrônement d'Alphonse V I, Roi de Portugal, par Guyot Desfontaines. *Par.* 1742. 2 *vol. in* 12.

2194 Relation de la Cour de Portugal. *Amsterd.* 1702. 2. *vol. in* 12.

2195 Relation de la Cour de Portugal, sous D. Pedre II. *Amst.* 1702. 2 *vol. in* 12.

2196 Mémoires de d'Ablancourt, contenant l'Histoire de Portugal, depuis 1659 jusqu'en 1668. *La Haye*, 1701. *in* 12.

2197 Mémoires, Lettres & Instructions sur le Portugal, tirés du Cabinet de M. S. Romain. *in* 4. *Manuscrits.*

2198 Description de la ville de Lisbonne. *Paris*, 1730. *in* 12.

HISTOIRE DU NORD.

2199 Histoire des Révolutions de Suede, par de Vertot. *Paris*, 1722. 2 *tom. en un vol. in* 12.

2200 L'Etat présent de la Suede, avec un abregé historique de ce Roïaume, trad. de l'Anglois de Robinson. *Amst.* 1720. *in* 12.

2201 Le Soldat Suédois. 1634. *in* 12.

2202 Les Mémoires d'Olivier de la Marche. *Gand*, 1567. *in* 4.

2203 Mémoires des intrigues politiques & galantes de la Reine Christine de Suede. *Liege*, 1710. 2 *vol. in* 12.

17..18. 2204 Histoire de Charles XII , Roi de Suede,
trad. de M. Nordberg. *La Haye*, 1748. 3 vol.
in 4.

4..4. 2205 Histoire militaire de Charles XII , Roi de
Suede , par Gustave Adlerfeld. *Paris* , 1741. 3
vol. in 12.

2... 2206 Les Campagnes de Charles XII, Roi de Suede,
par Grimarest. *Paris* , 1711. *in* 12. 4. *vol.*

2207 Mémoires de Maximilien Emmanuel , Duc
de Wirtemberg. *Amst.* 1740. *in* 12.
1..4. 2208 Histoire des Rois & du Roïaume de Pologne.
Amsterdam , 1699. 2 *vol. in* 12.

..10 2209 Mémoires de Pologne , par Armand de la
Chapelle. *Amsterdam* , 1739. *in* 12.

2..10. 2210 Histoire des Révolutions de Pologne , par
Desfontaines. *Amst.* 1735. 2 *vol. in* 12.

2211 Histoire de la Scission arrivée en Pologne en
1697 , par de la Bizardiere. *Paris* , 1699. *in* 12.
..10 2212 Histoire de la guerre des Cosaques contre
la Pologne , par Pierre Chevalier. *Paris* , 1663.
in 12.

1..4. 2213 Testament politique & moral du Prince
Rakoczi. *La Haye* , 1751. 2 *tom. en un vol.*
in 12.

..14. 2214 Mémoires du Chevalier de Beaujeu. *Paris*,
1698. *in* 12.

HISTOIRE D'ASIE, D'AFRIQUE
ET D'AMÉRIQUE.

1..19. 2215 Histoire de Barbarie & de ses Corsaires,
par Dan. *Paris* , 1649. *in fol.*

1..4. 2216 Histoire de Jean de Brienne , Roi de Jérusa-
lem, Empereur de Constantinople , par Laffiteau.
Paris , 1750. *in* 12.

2216 * Bibliotheque orientale , par d'Herbelot.
Paris , 1697. *in fol.*

2217

2217 Histoire des Turcs, par Chalcondile. *Paris*,
1620. *in fol. fig.*

2218 La même, revue & augmentée, par Mezeray.
Paris, 1662. 2 *vol. in fol.*

2219 Histoire Mahometane, par Vattier. *Paris*,
1657. *in 4.*

2220 Histoire de l'Empire Ottoman, trad de S.
A. S. Demetrius Cantimir, par M. de Joncquie-
res. *Paris*, 1743. 4 *vol. in 12.*

2221 Le Divan. *Manusc. in 4.*

2222 Il Seraglio del Turco. *Manusc. in fol.*

2223 La Vie de Mahomet, par Prideaux. *Amst.*
1698. *in 8. fig.*

2224 La même, par Gagnier. *Amst.* 1732. 2 *vol.*
in 12.

2225 Histoire de Mahomet II, Empereur des
Turcs, par Guillet. *Paris*, 1681. 2 *vol. in 12. fig.*

2226 Histoire de Mahomet IV, dépossedé. *Amst.*
1688. *in 12.*

2227 Lettres du Baron de Busbec, avec des notes
historiques & géographiques, par M. l'Abbé de
Foy. *Paris*, 1748. 3 *vol. in 12.*

2228 Relation des deux Rébellions arrivées à
Constantinople en 1730 & 1731. *La Haye*,
1737. *in 8.*

2229 Relation de Perse. *Angers*, 1710. *in 12.*

2230 Relation des Conquêtes faites dans les In-
des, par D. d'Almeida. *Paris*, 1749. *in 12.*

2231 Parallele de l'Expédition d'Alexandre & de
Thamas-Koulikan dans les Indes, par M. de
Bougainville. 1752. *in 8. m. r.*

2232 Mémoires de Charles le Gac, ci-devant Di-
recteur de la Compagnie des Indes à la Louisiane.
Mss. in fol.

2233 Les Mœurs des Sauvages Amériquains, par
le P. Laffiteau. *Paris*, 1724. 2 *vol. in 4. fig.*

V.

2 - - 11 2234 Hiſtoire de la Conquête du Mexique par Fernand Cortez, trad. de Solis par Citri de la Guette. *Paris*, 1730. 2 *vol. in* 12. *fig.*

1 - - 14 2235 Hiſtoire de la Jamaïque, trad. de l'Angl. *Londres*, 1751. 2 *tom. en un vol. in* 12.

HISTOIRE HERALDIQUE
ET GENEALOGIQUE.

2236 ORigine des Armoiries, par Meneſtrier. *Paris*, 1679. *in* 12.

2237 Les diverſes eſpeces de Nobleſſe, & les manieres d'en dreſſer les preuves, par Meneſtrier. *Paris*, 1684. *in* 12

2 - - 14 2238 Le Blaſon de la Nobleſſe, par Fr. Meneſtrier. *Paris*, 1683. *in* 12. *fig.*

2 - - 8 2239 Dictionnaire heraldique, contenant les Armes & Blaſons des Princes, Prélats, grands Officiers de la Couronne & de la Maiſon du Roi. *Paris*, 1723. *in* 12.

- - - 12 2240 L'Art heraldique, par de Plaine. *Paris*, 1693. *in* 12. *fig.*

- - - 10 2241 Traité du Ban & Arriere-ban, par de la Roque. *Paris*, 1677. *in* 12.

2242 Hiſtoire généalogique & chronologique de la Maiſon roïale de France, & des grands Officiers de la Couronne, par le P. Anſelme. *Paris*, 1733. 9 *vol. in fol.* 80.

26 - - 1 2243 Armorial général, ou Regiſtre de la Maiſon de France, par M. d'Hozier. *Paris*, 1752. 3 *vol. in fol.* 24.

34 - - 14 2244 Hiſtoire généalogique des Maiſons de Montmorency, de Vergy, de Bethune, de Châteigniers, Châtillon, Dreux & Guynes, par André Ducheſne. *Paris*, 1624. & *ſuiv.* 7. *vol. in fol.*

4 - - 12 2245 Hiſtoire généalogique de la Maiſon d'Au-

vergne, par Baluze. *Paris*, 1708. 2 *vol. in fol.*

2246 Histoire généalogique de la Maison du Châtelet, par Aug. Calmet. *Nancy*, 1741. *in fol.*

2247 Histoire généalogique de plusieurs Maisons illustres de Bretagne, par Depaz. *Paris*, 1619. *in fol.*

2248 Histoire généalogique de la Maison des Hurault. *Mss. sur velin, avec les Blasons enlum. fol.*

2249 Histoire de la Maison des Salles. *Nancy*, 1716. *in fol.*

2250 Recueil des Titres de la Maison d'Estouville. *Paris*, 1741. *in 4.*

2251 Théâtre de la Noblesse de Flandres & d'Artois, par le Roux. *Lille*, 1708. *in 4.*

ANTIQUITÉS, MÉDAILLES & MONNOIES.

2252 Traité des Tournois, Joustes & Carousels, par Menestrier. *Lyon*, 1669. *in 4.*

2253 Recherches curieuses d'Antiquités, par Spon. *Lyon*, 1683. *in 4. fig.*

2254 Traité historique sur les Amazones, par Pierre Petit. *Leide*, 1718. *in 12. fig.*

2255 Histoire des Amazones, anciennes & modernes, enrichie de Medailles, par M. l'Abbé Guyon. *Paris*, 1740. 2 *vol. in 12.*

2255 * Bernardi de Montfaucon Diarium Italicum. *Parisiis*, 1702. *in 4. fig.*

2256 La Historia Augusta, da Giulio Cesare infino à Constantino il Magno, da Francesco Angeloni. *In Roma*, 1641. *in fol.*

2257 Caroli Patini Introductio ad Historiam Numismatum. *Amst.* 1683. *in 12.*

2258 La maniere de discerner les Medailles antiques, & celles qui sont contrefaites, par Bauvais. *Paris*, 1739. *in 4.*

2 .. 12 { 2259 Numifmata mufæi Franc. de Camps, cum interpretatione Vaillant. *Parif.* 1694. *in* 4.

2260 Joan. Vaillant Numifmata Imperatorum romanorum præftantiora, à Julio Cæfare, ad poftumum & tyrannos. *Parifiis*, 1692. *in* 4.

1 .. 18 2261 Lenii Hulfii Imp. romanorum Numifmatum Series. *Francofurti*, 1603. *in* 12.

17 .. 2262 Anfelmi Banduri Numifmata Imperatorum romanorum. *Parifiis*, 1718. 2 *vol. in fol.*

4 .. 7 2263 Imperatorum romanorum à Julio Cæfare ad Heraclium ufque Numifmata aurea, Auctore de Bie. *Amft.* 1738. *in* 4. *fig.*

4 .. 19 2264 La Sicilia di Paruta defcritta con Medaglie è riftampata con aggiunta, da Leonardo Agoftino. *Lione*, 1697. *in fol.*

2265 Réflexions fur les deux plus anciennes Medailles d'or romaines qui font dans le Cabinet de S. A. R. Madame. *Paris*, 1720. *in* 4.

2266 Explication d'une Médaille d'or de l'Empereur Gallien, par Vallemont. *in* 12.

1 .. 1 { 2267 Nouvelle explication d'une Medaille d'or du Cabinet du Roi, par de Vallemont. *Paris*, 1699. *in* 12.

2267 * Lettre de M. d'Angeau, fur une prétendue Medaille d'Alexandre. *Paris*, 1704. *in* 12.

2268 Explication d'une Pierre gravée, par Baudelot. *Paris*, 1710 *in* 12. *fig.*

.. 10 2269 Fêtes d'Athenes, repréfentées fur une cornaline antique du Cabinet du Roi. *Paris*, 171[.] *in* 4.

1 .. 3 { 2270 Lettre fur le prétendu Solon, des pierres gravées, avec l'explication d'une Medaille d'or de la Famille de Cornuficia. *Paris*, 1710. *in* 4.

2271 Hiftoire de Ptolemée Auletes. Differtation fur une Pierre gravée antique du Cabinet de Madame, par Baudelot. *Paris*, 1698. *in* 12.

2272 Traité historique des Monnoies de France
avec la differtation fur les Monnoies de Charle-
magne, par le Blanc. *Amft.* 1692. *in* 4.

2273 Traité des Monnoies, de leurs circonftances
& dépendances, par Boizard. *Paris*, 1711. *in* 12.

2274 Recherches curieufes des Monnoies de Fran-
ce, par C. Bouteroue. *Paris*, 1666. *in fol. fig.*

HISTOIRE LITTERAIRE.

2275 JOan. Mabillon de Re Diplomatica, cum
Suplem. *Parifiis*, 1681. 2 *vol. in fol. g. p.* 60.

2276 Bart. Germon de veteribus Regum Franco-
rum Diplomatibus, & arte fecernendi antiqua
Diplomata vera à falfis, Difceptationes. *Parifiis*,
1707. *in* 12. 2 *vol.*

2277 Nouveau Traité de Diplomatique, par deux
Religieux Bénédictins. *Paris*, 1750. *in* 4. *broch.*

2278 Hiftoire de l'Académie roïale des Sciences,
des années 1741, 1742 & 1743. *Paris*, 1744.
& fuiv. 3 *vol. in* 4.

2280 Recueil des Pieces qui ont remporté le Prix
de l'Académie roïale des Sciences. *Paris*, 1732.
6 *vol. in* 4. *brochés.*

2281 Pieces qui ont remporté le Prix de l'Académie
roïale des Sciences en 1741, fur la meilleure
conftruction du Cabeftan. *Paris*, 1745. *in* 4.

2282 Hiftoire de l'Académie des Infcriptions &
belles-Lettres, par de Boze. *Paris*, 1740. 3 *vol.*
in 8. *g. p. d. f. t.*

2283 Differtation qui a remporté le Prix de l'Aca-
démie des Infcriptions & belles-Lettres en 1745,
par M. de Bougainville. *Paris*, 1745. *in* 12.
doré fur tranche.

2284 Mémoires de l'Académie des Sciences & des
beaux-Arts établie à Troyes, par M. Freron.
Liege, 1744. *in* 8.

2285 Hiftoire de l'Imprimerie & de la Librairie, où l'on voit fon origine, jufqu'en 1689. *Paris*, 1689. *in* 4.

2286 Journal des Savans, depuis 1700 jufqu'au mois de Mars 1753. 231 *vol. in* 12.

2287 Bibliotheque univerfelle & hiftorique, par Jean le Clerc. *Amft.* 1687. 26 *vol. in* 12. *avec les Tables*. 12.

2288 Bibliotheque choifie, pour fervir de fuite à la Bibliotheque univerfelle, par Jean le Clerc, avec la Table. *Amft.* 1712. 28. *vol. in* 12.

2289 Bibliotheque ancienne & moderne, pour fervir de fuite aux Bibliotheques univerfelle & choifie, par le Clerc. *Amft.* 1714. 29 *vol. in* 12. *avec les Tables*.

2290 Le Pour & Contre, Ouvrage périodique d'un goût nouveau, par M. l'Abbé Prevôt. *Paris*, 1733. 20 *vol. in* 12.

2291 Difcours au Roi, fur le rétabliffement de la Bibliotheque roïale de Fontainebleau, par de Ste Marthe. 1688 *in* 4.

2292 Le Nouvellifte du Parnaffe, ou Réflexions fur les Ouvrages nouveaux. *Paris*, 1731. 4 *vol. in* 12.

2293 Obfervations fur les Ecrits modernes, par l'Abbé Desfontaines. *Paris*, 1735. 34 *vol. in* 12.

2294 Jugemens fur quelques Ouvrages nouveaux, par l'Abbé Desfontaines. *Avignon*, 1744. 11 *vol. in* 12.

2295 Lettres de Madame de * * *, fur quelques Ecrits modernes. *Geneve*, 1746. *in* 12.

2296 Lettres fur quelques Ecrits de ce tems, par M. l'Abbé Freron. *Geneve*, 1749. 13 *vol. in* 12.

2297 Obfervations fur la Littérature moderne, par l'Abbé de la Porte. *La Haye*, 1749. 9 *vol. in* 12.

2298 Voïage en l'autre Monde, ou Nouvelles

littéraires de celui-ci, par l'Abbé de la Porte. *Paris*, 1752. *in* 12.

2299 Lettres d'une Société, ou Remarques sur quelques Ouvrages nouveaux. *Berlin*, 1751. *in* 12.

2300 Anecdotes littéraires, ou Histoire de ce qui est arrivé de plus singulier aux Ecrivains françois, depuis François I jusqu'à présent, par M. l'Abbé Raynal. *Paris*, 1750. 2 *vol. in* 12.

2301 Recueil de différentes Pieces de Littérature. 2 *vol. in* 4.

2302 Mêlanges de Littérature, d'Histoire & de Philosophie, par M. Dalembert. *Berlin*, 1753. 2 *vol. in* 12.

2303 La France littéraire, ou Almanach des beaux-Arts. *Paris*, 1754. *in* 18.

2304 Dictionnaire des Livres Jansenistes, ou qui favorisent le Jansenisme. *Anvers*, 1752. 4 *vol. in* 12.

2305 Thomæ Simtho Catalogus Librorum manuscriptorum Bibliothecæ Cottonianæ. *Oxonii*, 1696. *in fol.*

2306 Bibliotheca Bultelliana. *Parisiis*, 1711. 2 *vol. in* 12. *v. f.*

2307 Catalogue de la Bibliotheque de M * * *. *Paris*, 1727. *in* 12.

2308 Bibliotheca Turgotiana. *Parif.* 1730. *in* 12.

2309 Catalogue des Livres de M * * *. *Paris*, 1733. *in* 12.

2310 Recueil de Catalogues ; dont celui de feu M. de Coisau, & autres. *Paris*, 1733. *in* 8.

2311 Catalogue de différentes Bibliotheques ; dont celui de M. Magneux. *in* 8.

2312 Catalogues des Livres de M. E. L. C...., Trésorier de France.

2313 Catalogue de la Bibliotheque de M. Bourret. *Paris*, 1735. *in* 12.

2314 Catalogue des Livres de feu M. de Caumartin. *Paris*, 1734. *in* 12.

2315 Catalogue des Livres de feu Messieurs la Grange-Trianon. *Paris*, 1737. *in* 12.

2316 Catalogue des Livres de la Bibliotheque de feu M. Couet. *Paris*, 1737. *in* 12.

2317 Catalogue de le Blanc. *Paris*, *in* 8.

2318 Catalogus Librorum Bibliothecæ Comitis de Hoym. *Parisiis*, 1738. *in* 8.

2319 Catalogue des Livres du Duc d'Estrées. *Paris*, 1740. 2 *vol. in* 8.

2320 Recueil de Catalogues ; dont celui de M. d'Antin, & autres. *Paris*, 1741. *in* 8.

2321 Catalogue des Livres de feu M. l'Abbé de Rothelin. *Paris*, 1746. *in* 8.

2322 Catalogue des Livres de M. de Boze. *Paris*, 1753. *in* 8.

VIES DES HOMMES ILLUSTRES.

2323 LEs Comparaisons des grands Hommes de l'Antiquité, qui ont le plus excellé dans les Belles-lettres, par René Rapin. *Par.* 1684. *in* 4.

2324 Les Vies de Solon & de Publicola. *Paris*, 1748. *in* 12.

2325 Vies des anciens Orateurs grecs. *Paris*, 1752. 2 *vol. in* 12.

2326 Les Vies des Poëtes grecs , par le Fevre. *Paris*, 1665. *in* 12.

2327 Vies des anciens Philosophes. *Amst.* 1752. *in* 12.

2328 Histoire de Ciceron , avec des Remarques historiques & critiques , par M. Morabin. *Paris*, 1745. 2 *vol. in* 4.

2329 Philostrate, de la Vie d'Apollonius de Thia-
ne, par Blaise de Vigénere. *Paris*, 1599. *in* 4.   2 — 8.

2330 Histoire des sept Sages, par Larrey. *Rotter.*
1714. 2 *vol. in* 12.

2331 Œuvres de Brantome. *Leide*, 1722 & 1743. 10 — 17.
15 *vol. in* 12.

2332 Portraits d'Hommes & de Femmes illustres,
recueillis de Fluvius Ursinus. *Paris*, 1710. *in* 4. — 10.

2333 Hommes illustres de Campion. *Paris*,
1657 *in* 4. *tome premier.*

2334 Histoire de Boece, avec l'Analyse de ses
Ouvrages, par Gervaise. *Paris*, 1715. *in* 12. 1 — 16.

2335 La Vie de Pierre Arétin, par M. de Bois-
préaux. *La Haye*, 1750. *in* 12.

2336 La Vie de Pélage, contenant l'Histoire des 1 — 16.
Ouvrages de S. Jerôme & de S. Augustin,
contre les Pélagiens, par le P. Patouillet. 1751.
in 12.

2337 Vie de Pierre Gassendi. *Paris*, 1737. *in* 12. 1 —

2338 La Vie & les sentimens du Lucio Vanini.   — 19
Rotter. 1717. *in* 8.

2339 Entretiens sur les Vies & les Ouvrages des 9 — 19.
Peintres & des Architectes, par Felibien. *Tre-*
voux, 1725. 6 *vol. in* 12.

2340 Histoire des plus illustres Favoris, par Du- 1 — 8.
puy. *Leide*, 1662. *in* 12.

2341 Les Imposteurs insignes, par J. B. de Ro- 1 — 19.
coles. *Amst.* 1683. *in* 12.

2342 Histoire de Pierre d'Aubusson, Grand-maî- 1 —
tre de Rhodes, par le P. Bouhours. *Paris*,
1676. *in* 4.

2343 Histoire de Dona Olimpia Maldachini, 1 —
trad. de Gualdi. *Leide*, 1666. *in* 12.

2344 Les Hommes illustres qui ont paru en France, 1 —
par Perrault. *Paris*, 1696. *in fol. manque les*
Portraits.

X

3 - 4. 2345 Vies de plusieurs Hommes illustres & grands Capitaines de la France, par l'Abbé de Bellegarde. *Paris*, 1716. 2 *vol. in* 12.

1 - 4. 2346 Eloges historiques des Evêques & Archevêques de Paris. *Paris*, 1698. *in* 4.

3 - - - 2347 Eloges de tous les premiers Présidens du Parlement de Paris, par Blanchart. *Paris*, 1645. *in fol.*

1 - 10. 2348 La Vie de Descartes, par Baillet. *Paris*, 1691. 2 *vol. in* 4.

2 - 1. 2349 Histoire de la Vie & des Ouvrages de M. de Fenelon, par M. de Ramsay. *La Haye*, 1723. *in* 12.

- - 10 2350 Eloge de M. le Clerc, Dessinateur & Graveur, par de Vallemont. *Paris*, 1715. *in* 12.

1 - 18. 2351 Histoire abregée de la Vie & des Ouvrages de M. Arnauld. *Cologne*, 1695. *in* 12.

1 - - 11. 2352 La Vie de l'Abbé de Choisy. *Lauzane*, 1742. *in* 8.

2353 Vie de Moliere, avec des jugemens sur ses Ouvrages, par M. de Voltaire. *Paris*, 1739. *in* 12.

2 - 19. 2354 Mémoires & Lettres pour servir à l'Histoire de la Vie de Mademoiselle de Lenclos. *Rotter.* 1751. *in* 12.

EXTRAITS HISTORIQUES.

3 - - - 2355 MÉlanges historiques & Recueils de diverses Matieres, par de S. Julien. *Lyon*, 1589. *in* 8. *v. f.*

3 - - 6. 2356 Mélanges historiques, par Camusat. *Troyes* 1619. *in* 8. *v. f.*

4 - - 4. 2357 Mémoires historiques, politiques, critiques & litteraires, par Amelot de la Houssaye *Amst.* 1722. 2 *vol. in* 12.

2358 Singularités historiques & litteraires, par 3 - 18
Dom Liron. *Paris*, 1738. *3 vol. in* 12.

2359 Mémoires historiques, critiques & litte- 3 - 12
raires, par Bruys. *Paris*, 1751. *2 vol. in* 12.

2360 Dictionnaire théologique, historique, poé- 1 - 4
tique, cosmographique & chronologique, par
Juignié. *Paris. in* 4.

2361 Dictionnaire historique de Moreri. *Lyon,* 14 - 19
1691 *3 vol. in fol.*

E S T A M P E S.

C A B I N E T   D U   R O I.

2362 LEs Tableaux du Roi, représentant sept 601 - -
Sujets de l'ancien Testament, vingt-deux du
nouveau, cinq de la Fable, un de l'Histoire
profane, & trois allégoriques... Les Batailles
d'Alexandre... Les Médaillons antiques du Ca-
binet du Roi... Plans, Elévations & Vues des
Châteaux du Louvre & des Tuilleries... Les
Plans, les Elévations & les Vues du Château
de Versailles... La Grotte, le Labyrinthe, les
Fontaines & les Bassins de Versailles... Les Sta-
tues du Roi, antiques & modernes à Versailles.
... Les Termes, les Bustes, les Sphinx & les
Vases du Roi à Versailles... Les Tapisseries du
Roi, gravées d'après M. le Brun, par le Clerc...
Le Carousel, les Courses de Tête & de Bagues
... Les Fêtes de Versailles... Les Plans, Elé-
vations, Vues, Coupe & Profils de l'Hôtel
roïale des Invalides... Autres Plans, Profils,
Elévations & Vues de différentes Maisons roïa-
les... Les Desseins, les Profils & les Vues de

quelques lieux de remarque, avec divers Plans
détachés de Villes, Citadelles & Châteaux,
gravées par Silveſtre, le Pautre & Audran...
Les Plans & les Profils appellés petites Con-
quêtes,ſervant à l'Hiſtoire de Louis XIV,gravées
par le Clerc & autres... Les Vues, les Marches,
les Entrées, les Paſſages & autres ſujets ſervant
à l'Hiſtoire de Louis XIV, gravés par Vander-
Meulen... Les Païſages, Morceaux d'études,
&c. gravés d'après Vander-Meulen... Les Plans,
les Profils & les Vues des Camps, Placés, Sie-
ges & Batailles, ſervant à l'Hiſtoire de Louis
XIV, gravés d'après le Chevalier de Beaulieu,
par Colignon, Cochin, Perelle, &c. 4 vol...
Le grand Eſcalier de Verſailles... Suites des
Eſtampes, dont les Planches ſont à la Bibliothe-
que du Roi. *Paris , Imprimerie roïale.* 1727.
27 vol. grand in fol.

2363 Deſcription des Fêtes données par la Ville
de Paris, à l'occaſion du Mariage de Madame
Louiſe Eliſabeth de France, avec l'Infant Dom
Philippe, par les ſoins de M. Turgot, en 1739.
grand in fol. m. r.

2364 Repréſentation des Fêtes données par la Vil-
le de Straſbourg, pour la Convaleſcence du Roi
à l'arrivée de S. M. & pendant ſon ſéjour dans
ladite Ville, avec des explications gravées. *gr.
in fol. m. r.*

2365 Fêtes publiques données par la Ville de
Paris, à l'occaſion des deux Mariages de M. le
Dauphin. *2 vol. gr. in fol. m. r.*

2366 Les Campagnes de Louis XV, repréſentées
par des Médailles. *2 vol. in 4.*

2367 Plans & Deſſeins des conſtructions & dé-
corations ordonnées par la Ville de Paris, pour
les Réjouiſſances publiques, à l'occaſion de la

publication de la Paix , le 12 Février 1749.
in fol. broch.

2368 Journal de ce qui s'est passé pour la recep-
tion du Roi en la Ville de Metz. 1744. *in fol.*
m. r. fig.

2369 Recueil d'Estampes gravées d'après les plus
beaux Tableaux & les plus beaux Desseins qui
sont en France , divisé suivant les différentes
Ecoles ; avec un abregé de la Vie des Peintres ,
& une Description historique de chaque Ta-
bleau : par les soins de M. Crozat. *Paris ,* 1729.
2 *vol. in fol. grandeur d'Atlas.* 72.

2370 Recueil des plus beaux Tableaux du Cabi-
bet de M. Boyer d'Aguilles. *Aix ,* 1709. *in fol.*

2371 Labyrinthe de Versailles. *Paris ,* in 8. *obl.*

2372 Recueil des Statuts, Groupes, Fontaines ,
Termes , Vases de Versailles , gravés par Tho-
masin. *La Haye ,* 1724. *in 4.*

2373 Figures du vieux & du nouveau Testament ,
gravées par Van Luyken. *Amst. Mortier. in fol.*

2374 Figures de la Passion de Jesus-Christ. *Paris ,*
in 8. *m. r.*

2375 La Vie de S. Bruno , peinte par le Sueur
& gravée par Chauveau. *Paris ,* 1717. *in fol.*

2376 Les Antiques de Sadler. *in fol. oblong.*

2377 Les Solitaires de Sadler. *in 4. oblong.*

2378 Pacificatores orbis christiani , sive Icones
Principum , Ducum & Legatorum , qui Monas-
terii atque Osnabrugæ pacem Europæ reconci-
liarunt. *Rotter.* 1697. *in fol.*

2379 Les Figures & l'abregé de la Vie de Saint
François de Paule , par A. Dondé. *Paris ,* 1671.
in fol. m. r.

2380 Estampes des Mémoires de l'Inquisition.
in 4.

2381 Le Neptune oriental , ou Routier général

des Côtes des Indes orientales & de la Chine,
par M. Duprés de Mannevillette. *Paris*, 1745.
in fol. m. r. pap. gr. aigle. 20

2382 Carreaux mi-partis. *in* 4. *oblong. broc.*

ESTAMPES COLLÉES SUR TOILE
& MONTÉES SUR GORGE.

2383 PRife de Valenciennes, gravée par Van-
der Meulen.

2384 Siege de Douay, par le même.

2385 Prife de la Ville de Lille, par le même.

2386 Le Siege de Cambray, par le même.

2387 La Ville de Leufe en Brabant, par le mê-
me. 1678.

2388 Le Roi à la Chaffe avec les Dames, par
le même.

2389 Le Parc de S. Cloud, par le Sieur Parent.
1744. *in fol.*

2390 Bataille d'Ettingen. *Mff. en* 4 *feuilles.* 1743.

2391 Eftampe de la Fête donnée dans les Jardins
de Verfailles au Mariage de Madame l'Infante,
en 1739.

2392 Le S. Sépulchre, par les Capucins. 1688.

2393 Thèfe dédiée au Roi, par l'Abbé de Van-
tadour.

CARTES DE GÉOGRAPHIE
COLLÉES SUR TOILE, & MONTÉES
SUR GORGE.

2394 MAppe-monde, par Samfon. 1719. en
4. feuilles.

2395 Europe divifée en 6 feuilles, par Jaillot.
1718.

2396 Cartes des principaux Ports de l'Europe.

2397 France en six feuilles, par Jaillot. 1717.

2398 Le Plan de Paris en vingt feuilles, dreſſé par les ordres de M. Turgot en 1739. 24.

2399 Environs de Paris, par Jaillot, en quatre feuilles. 1721.

2400 Normandie, par Taſſin, 1653. 2 feuilles.

2401 Normandie en 2 feuilles, par Jaillot. 1719.

2402 Diocèſe de Rouen en six feuilles, par Fremont. 1715.

2403 Diocèſe de Coutance en 4 feuilles, par Mariette de la Pagerie. 1689.

2404 Diocèſe du Mans, diviſé en 4 feuilles, par Jaillot. 1736.

2405 Elévation de Lyon en 4 feuilles.

2406 Lyon, par le P. Gregoire. 1740. en 6 feuilles.

2407 Guyenne en Gaſcogne, par de Fer, en 4 feuilles.

2408 Guyenne en Gaſcogne, par Jaillot, en 4 feuilles.

2409 Cours de la Riviere de Bidaſſon, diviſé en 15 feuilles mſſ. 1731.

2410 Généralité de Montauban, de Toulouſe, en 4 feuilles, par Jaillot. 1717.

2411 Canal de Languedoc, par Nolin. 1697. 3 feuilles.

2412 Lorraine diviſée en 6 feuilles, par Jaillot. 1705.

2413 Gouvernement général de Picardie, diviſé en 4 feuilles, par Jaillot. 1717.

2414 Cours de la Somme, diviſé en 3 feuilles, par de Fer. 1709.

2415 Cours de la Sambre avec les Ecluſes, par Havey. 1722. 5 feuilles.

2416 Haynault François, par Havey. 1721. en 8 feuilles.

2 . . . 2417 Cartes mſſ. pour les Chemins, entre Va-
lenciennes, Douay & Cambray, en 4 feuilles,
par Havey. 1733.

3 . . 12. 2418 Chemins de Valenciennes à Bavey & à Mau-
beuge, par Havey. 1722. 8 feuilles.

1 . . 12. 2419 Chemins entre Valenciennes & Quesnoy,
par Havey. 1722. 2 feuilles.

2420 Luxembourg en 8 feuilles, par Jaillot. 1705.

3 . . 7. 2421 Païs-bas, par le Rouge, en 6 feuilles. 1742.

2422 Les dix Provinces des Païs-bas, par de Fer.
1741. 3 feuilles.

2 . . 9. 2423 Les dix-ſept Provinces des Païs-bas, par
Encelin. 3 feuilles.

2 . . 8. 2424 Païs entre le Rhin, la Sare & la Moſelle, di-
viſé en 6 feuilles, par Jaillot. 1705.

2425 Le Cours du Rhin, de Sengre, touchant
les confins du Palatinat. 1705. 4 feuilles.

2426 Le Cours du Rhin, depuis les Frontieres de
la Suiſſe juſqu'à Bonne, par de Lille. 6 feuilles.

4 - 10 2427 Cours du Rhin, de Baſle à Landaw, par
le Rouge, en 5 feuilles.

1 . . 10 2428 La Principauté de Liege, par le Clerc.
4 feuilles.

2 . . 12. 2429 Maïence, Treves, Palatinat, Wirtemberg,
en 4 feuilles, par Jaillot. 1705.

2430 La Ville de Francfort ſur le Mein, diviſée
en 4 feuilles, par Merianus.

4 - 4. 2431 La Suiſſe, en 4 feuilles, par Jaillot. 1717.

20 . . . 2432 Les Pyrenées, en 8 feuilles, par Rouſſel.

3 . . 12. 2433 Les Etats du Roi de Sardaigne, par Jail-
lot, en 4 feuilles.

2 . . . 2434 Il Lazio en 4 feuilles, par Ametti. 1693.

7 . . 13. 2435 Rome en 12 feuilles, par Roſſi. 1676.

3 . . 14. 2436 Le Patrimoine de S. Pierre, par Ametti,
en 4 feuilles. 1696.

2 . . . 2437 La ſuite des Papes. *Paris*, 1683.

2438

2438 Ville de Venife, en 8 feuilles. 1729. - - 16 - - 10
2439 Defcription de l'Efpagne & de Portugal, 1 - - - 5.
par de Lille. 1720. une feuille.
2440 Efpagne & Portugal, divifées en 4 feuil- 3 - - -
les, par Jaillot. 1716.
2441 Généalogie des Rois d'Efpagne, par Thuret. 2 - - - 15.
2442 Le Portugal, par le P. Placide, une feuille. 1 - - -
2443 Chronologies des Rois & Reines de Portu- 1 - - 9.
gal, par Chevillard. 1714.
2444 Stokholm, en 12 feuilles. 1733. 8 - - - -
2445 Carte marine, Océan entre l'Europe, l'Af- 10 - - 4.
frique & l'Amérique. *Manufc. fur vélin enlu-
miné en or.*
2446 Afie, divifée en 6 feuilles, par Jaillot.
1719.
2447 Afrique, divifée en 6 feuilles, par Jail- 12 - - 2.
lot. 1719.
2448 Amérique, divifée en 6 feuilles, par Jaillot.
1719.
2449 L'Ifle de Lucie en Amérique, par M. Weg- 8 - - 19
mar. 1744. en 8 feuilles mff.
2450 Carte de la Louifiane, divifée en 4 feuil- 3 - - 15.
les, par de Fer. 1718.

F I N.

De l'Imprimerie de DIDOT, Quai des Auguftins,
à la Bible d'or. 1755.